Alles, was süß ist: Rezepte mit Liebe

sweet

Christa Schmedes

Süßes mit Liebe gemacht

Das mit der Liebe ist bekanntlich ja nicht immer ganz so einfach, aber das steht jetzt absolut nicht zur Debatte und deswegen wollen wir es uns für den Moment auch nicht zu sehr zu Herzen nehmen. Was viel wichtiger ist, ist die Sache mit dem Süßen. Nämlich jenem Süßen, das mit inspirierender Liebe gemacht wurde.

Plötzlich ist Süßes nicht nur simpel Süßes. Nein, es wird zur Verführung in Person, es ist schmeichelnd, sinnlich und verlockend, und selbst der Stärkste kann der Versuchung nicht mehr widerstehen. Luftig-zarte Cremes müssen probiert werden, satte schokoladige Mousses verlangen nach mehr, Powerbällchen geben einen unwahrscheinlichen Kick und machen süchtig. Und auch wer's nicht ganz so süß mag, kommt auf seine Kosten. Wie? Überraschung!

Nicht zu schaffen? Doch – für jeden! Kaum zu glauben, aber das „Süße Basic" macht's möglich. Denn komplizierte Rezepte sind verpönt, unendliche Zubereitungen und Zutatenlisten auch. Vielmehr kann man sich alles, was man braucht, im Kopf merken (na ja, fast alles) und im Supermarkt um die Ecke kaufen. Gerührt und gebacken ist nahezu im Handumdrehen. Geduld braucht man lediglich, wenn die Leckereien ein wenig länger in den Ofen oder den Kühlschrank müssen.

Das Geheimnis: Wenig Zeitaufwand bei Einkauf und Zubereitung lässt einem eben viel mehr Zeit – zum Genießen der herrlichen süßen Sachen und natürlich auch für denjenigen, der mit genießt. Und schon klappt es vielleicht auch mit der Liebe wieder (um doch noch einmal auf dieses Thema zurückzukommen).

Und jetzt? Einfach lesen und asap (so schnell wie möglich) das Leben versüßen.

Inhalt

Teil I:
Die Theorie

Etwas Obstkunde
Who is who? Früchte plaudern ihre Geheimnisse aus:
Wissenswertes von Ananas bis Zitrone
Seite 6

Was man immer zu Hause haben sollte
Die Basis des süßen Vorratsschranks gnadenlos durchleuchtet
Seite 8

Wichtige Handlanger
Alles über notwendige Küchengeräte und so
Seite 10

Gut zu wissen
Kleines Know how zum professionellen Arbeiten auf die süße Art
Seite 11

**Teil II:
Die Rezepte**

Cremig – fruchtig – schnell
Für Leute, die sich rasch ganz süß belohnen wollen –
von beeriger Schmandcreme über exotischen Obstsalat bis Apfelmus in Pink
Seite 12

Schokoladig – luftig – zart
Für Schleckermäuler, die sich mit Schokolade das Leben versüßen wollen –
von Schoko-Nuss-Küsschen über Powerbällchen bis Schokoladenmousse
Seite 32

Kühl – sahnig – erfrischend
Für Liebhaber von Klassikern und Evergreens, von Neuem und Extravagantem –
von Panna cotta über Crème caramel bis Krokant-Eis-Torte
Seite 52

Für viele
Für solche, die entspannt und lässig vor großer Menge glänzen wollen –
von Apple Crumble über Doughnuts bis Käsekuchen
Seite 70

Nicht ganz so süß
Seite 90

Register/Impressum
Seite 92

Etwas Obstkunde

Ananas
Schon Christoph Columbus wusste zu schätzen, was sich unter der schuppigen Schale der exotischen Frucht verbirgt. Mineralstoffe, Vitamine und vor allem wertvolle Fruchtsäuren und Enzyme waren es, die ihn über Wasser hielten. Damit auch Sie von den Inhaltsstoffen profitieren: nur Ananas kaufen, die danach riechen – erst dann sind sie wirklich reif und auch „gehaltvoll".

Apfel
Einst spielte er eine zentrale Rolle im Garten Eden, heute ist er wertvoller Vitamin- und Mineralstofflieferant und der Schlüssel zu Gesundheit, Kraft und Power. Zudem ist er ein echter Verwandlungskünstler, der sich immer in Bestform zeigt: geschnitten, gehobelt, gekocht, püriert. Als Kompott oder im fruchtigen Salat, in Obstkuchen oder herrlichen Cremespeisen.

Beerenobst
Total beliebt und die Basis für 1001 süße Rezeptidee. Erdbeeren, Himbeeren, Heidelbeeren, Brombeeren und Johannisbeeren und was man sonst noch so an Beerigem kaufen kann, geben Desserts, Kuchen & Co. einfach das gewisse Etwas. Damit man das volle Aroma genießen kann, die empfindlicheren Sorten, wie z. B. Himbeeren, möglichst nicht waschen, sondern nur verlesen.

Avocado
Sie ist die Frucht der Tausend Möglichkeiten, denn süßen wie pikanten Zubereitungsarten steht sie offen gegenüber. Damit der nussige Geschmack voll zur Geltung kommt, unbedingt reife Früchte kaufen (gibt die Schale auf Fingerdruck leicht nach, passt die Sache). Das Fruchtfleisch mit Zitronensaft vermischen, damit es sich nicht bräunlich verfärbt.

Birne
Zuckersüß präsentiert sich uns dieses Obst, denn Birnen haben nunmal einen ziemlich hohen Gehalt an natürlichem Fruchtzucker und zugleich einen sehr geringen an Fruchtsäure. Wegen Letzterem gelten sie auch als äußerst bekömmlich. Da Birnen relativ leicht verderben, nur kaufen, wenn man sie bald isst oder zubereitet.

Feigen
Wer viele Feigen isst, bleibt gesund und lebt lange, heißt es. Also zugreifen, wenn sie von Juni/Juli bis November aus den Mittelmeerländern zu uns kommen und preisgünstig auf dem Markt angeboten werden. Welche Sorte? Nach Gusto: Je dunkler sie gefärbt sind, desto süßer sind sie. Edel mit Crème fraîche und Likör.

Mango
Sie ist die Königin unter den Tropenfrüchten: Geschmack und Duft sind unvergleichlich und geheimnisvolle Kräfte schreibt man ihr außerdem zu – optimale Reife allerdings vorausgesetzt. Um die richtige Frucht in den Einkaufskorb zu legen, leicht draufdrücken, die Schale muss nachgeben. Und die Mango muss intensiv duften.

Papaya
Ab und zu sollten Sie diese Exotin schon kaufen, denn die zahlreich enthaltenen Biostoffe greifen Ihrem Wohlbefinden enorm unter die Arme. Zudem ist das Aroma auch nicht von schlechten Eltern. Das orangegelb leuchtende Fruchtfleisch schmeckt nach einer gelungenen Mixtur aus Aprikose, Himbeeren und Melone.

Karambole (Sternfrucht)
Als Deko-Frucht unschlagbar (die Sternform der dünn geschnittenen Scheiben ist klasse), geschmacklich aber auch nicht zu verachten. Fein säuerliches und saftiges Fruchtfleisch macht Laune und erfrischt. Frucht nur gut waschen und trocknen (geschält muss sie nicht werden) und nach Rezept verarbeiten.

Physalis (Kapstachelbeere)
Sind immer für eine Überraschung gut, denn um die orangegelben, kirschgroßen Fruchtkugeln in den Mund schieben zu können, muss man sie erst aus ihren hauchdünnen, papierähnlichen Hüllen holen. Das geht aber ganz einfach: Hülle von der Spitze aus auseinander biegen und die Beere herausdrehen. Der feine süßsäuerliche Geschmack ist umwerfend. Am besten gleich mal probieren.

Kiwi
Man sagt Vitaminbombe und meint Kiwi, denn in nur einer dieser Früchte mit dem braunen „Pelz" steckt der Tagesbedarf an Vitamin C. Das ist schon fast rekordverdächtig. Angebaut werden sie in Neuseeland im ganz großen Stil, und dort bekamen sie auch ihren Namen, für den der einheimische Waldvogel Kiwi-Kiwi Pate stand.

Melonen
Besonders im Sommer sind Melonen – egal ob Honig-, Netz-, Kantalup- oder Wassermelone – das Höchste. Das saftige Fruchtfleisch löscht auch den heftigsten Durst – und das kalorienarm. Damit auch das Aroma einmalig ist, unbedingt reife Früchte nehmen. Test: Bei leichtem Druck am Blütenansatz muss sie nachgeben und sie muss intensiv duften.

Zitrone und Limette
Ohne die beiden geht in Sachen Süß gar nichts. Saft und Schale geben Desserts, Kuchen und süßen Aufläufen den letzten typischen Citrus-Schliff. Nur pralle Früchte kaufen, die sind frisch. Wenn die Schale gebraucht wird, unbedingt unbehandelte Früchte nehmen und diese zusätzlich noch heiß waschen.

Was man immer zu Hause haben sollte

Weißer Zucker oder Haushaltszucker oder auch Kristallzucker wird aus Zuckerrohr oder Zuckerrüben gewonnen und raffiniert, bis er ganz weiß ist. Gibt es grob, mittel und ganz fein gekörnt.
Brauner Zucker wird meist aus Zuckerrohr gewonnen und mehr oder weniger raffiniert, sodass er seine braune Farbe behält. Schmeckt leicht karamellartig. Ist nicht gesünder als der weiße Zucker.
Puderzucker wird aus weißem Zucker staubfein gemahlen. Löst sich superschnell auf und ist deswegen besonders für feine Cremes und Glasuren tauglich.
Honig ist natürliche Süße mit viel Aroma – von vielen fleißigen Bienchen gesammelt. Kalt geschleuderter Honig enthält wertvolle Inhaltsstoffe, verliert diese aber beim starken Erhitzen.
Ahornsirup – ein aromatischer Sirup, der aus dem Saft des Zuckerahorns gewonnen wird. Kommt aus Nordamerika und Kanada und wird dort oft zum Süßen verwendet.
Apfel- und Birnendicksaft entsteht durch Eindampfen von dem entsprechenden konzentrierten Obstsaft. Gibt es in Bioläden und Reformhäusern zu kaufen. Schmeckt fruchtig süß.

Eier höchstens 3–4 Tage alt und von frei laufenden Hühnern kaufen, gekühlt aufbewahren und innerhalb von 2 Wochen ver-brauchen. Frische, Qualität und die richtige Lagerung von Eiern sind für's Gelingen von süßen Sachen extrem wichtig. Zudem besteht dann auch keine Salmonellengefahr mehr. Frischetest: Beim Aufschlagen muss das Eiklar schön stabil und der Dotter leicht gewölbt sein.

Mehl, der Type 405 – das helle Weizenmehl – wird am häufigsten zum Backen verwendet. Die Getreidekörner werden ohne Keim und Schale gemahlen.
Bei **Vollkornmehl** wird das komplette Getreide gemahlen.
Speisestärke wird aus Kartoffeln und Mais gewonnen. Ist Gelier- und Dickungsmittel, z. B. bei Grützen, und macht Gebäck feinporiger und standfester.

Süße Sahne wird durch Entrahmen von Kuhmilch gewonnen und hat einen Mindestfettgehalt von 10 %. Für Schlagsahne zum 30 %-Fett-Modell greifen, das lässt sich so richtig schön steif schlagen. Wichtig: Sahne immer gut gekühlt und in einer fettfreien Rührschüssel aufschlagen.
Sauerrahm, Schmand und Crème fraîche werden aus Sahne hergestellt. Diese wird dafür mit Milchsäurebakterien versehen und eingedickt.
Jogurt, Quark oder **Ricotta** entstehen aus Milch oder Sahne. Es werden ebenfalls Reifungskulturen zugegeben.
Mascarpone, der Doppelrahm-Frischkäse aus Italien, ist herrlich cremig, schmeckt wunderbar sahnig – fast schon buttrig – und ist für so manches Süße bestens geeignet.

Schokolade wird durch feine Zerkleinerung und inniges Mischen von Kakaokernen, Zucker und eventuell Kakaobutter hergestellt. Je nach Sorten dürfen noch Milch, Sahne, Gewürze, Nüsse und so manch andere Geschmackszutat mit dazu. Je nach Inhaltsstoffen entsteht Bitter-, Zartbitter- und Vollmilchschokolade sowie Sahne- und Rahmschokolade. Weiße Schokolade besteht nur aus Milch, Kakaobutter und Zucker und ist eigentlich gar keine richtige Schokolade, da die Kakaomasse fehlt. Kommt Schokolade in Cremes und Mousses, sollte sie unbedingt von bester Qualität sein.

Kuvertüre wird wie Schokolade fabriziert, hat aber einen höheren Anteil an Kakaobutter und eignet sich daher besonders gut zum Überziehen von Kuchen und Gebäck. Zartbitter-, Vollmilch- und weiße Kuvertüre wird in 200 g-Blöcken im Supermarkt angeboten.

Vanilleschoten sollte man sparsam verwenden, denn ganz billig ist dieses edle, zart-aromatische Gewürz nicht. Um an das Aroma zu kommen, schabt man entweder das im Inneren enthaltene Mark heraus und gibt es z. B. zu Cremes oder in Teige. Oder man nimmt die länglichen, schwarzbraunen Schoten selbst und kocht sie z. B. in Milch oder Sahne aus. Damit die Schoten lange frisch bleiben, gut verschlossen, kühl und trocken lagern. Als Ersatz kann man echte Vanille als Pulver in Reformhäusern kaufen.

Kokosmilch ist die Exotin aus der Dose. Für das köstliche Nass lässt man geraspeltes, püriertes Fruchtfleisch der Kokosnuss in heißem Wasser ziehen und drückt dann alles aus. Zu kaufen gibt es die Dosen in allen Asienläden oder in gut sortierten Supermärkten. Am besten ungezuckerte Kokosmilch nehmen.

Wichtige Handlanger

Teigroller
Auch als Nudelholz bekannt. Wird zum gleichmäßigen Ausrollen von Teigen gebraucht. Unbedingt auf gute Qualität und eine gewisse Schwere achten, da tut man sich beim Rollen wesentlich leichter. Teigroller aus Marmor sind ziemlich schwer und sie kühlen, was für Mürbeteig nicht schlecht ist.

Zitruspresse
Zum Auspressen von Zitronen, Orangen, Limetten. Pressen aus Metall oder Glas bevorzugen, die sind schön stabil.

Pinsel
Zum Bestreichen von Gebäck und zum Einfetten vom Blech. Gut: Holzgriff und Naturborsten.

Handrührgerät
Handarbeit beim Schlagen von Sahne, Eiweiß und cremigen Schaummassen sowie beim Teigkneten ist out. Mit dem elektrischen Handrührgerät geht es eben doch viel schneller, es wird Kraft gespart und es ist ganz einfach. Dazugehörende Schneebesen oder Knethaken einsetzen und schon kann's losgehen. Den normalen Schneebesen braucht man aber trotzdem.

Messbecher und Waage
Flüssiges und Festes können wirklich genau abgemessen werden, was bei Süßspeisen und beim Backen oftmals besonders wichtig ist. Der Becher sollte dafür durchsichtig sein und eine möglichst feine Einteilung haben. Ist er hitzebeständig, dürfen auch heiße Sachen rein. Die Waage sollte das Gewicht mindesten 5 g-weise anzeigen. Mit einer Digitalwaage wird es noch genauer.

Backpapier
Erspart das Einfetten von Formen und Blechen und beides bleibt auch sauber (es muss nicht gespült werden!). Zudem lässt sich jegliches Gebäck wunderbar vom Blech abnehmen oder aus der Form stürzen.

Alu- und Klarsichtfolie
Zum Abdecken von Speisen und Einwickeln von Teigen.

Küchenreibe
Zum Abreiben von Zitronen- oder Limettenschalen und zum Raspeln und In-feine-Scheiben-Hobeln von Früchten. Für jede „Technik" kann man zwar extra Reiben kaufen, viel praktischer ist aber eine Vierkant-Kombi-Reibe, bei der Reibe und Raspel mit verschieden großen Löchern und Hobelschlitze kombiniert sind.

Teigschaber
Damit können auch die letzten Creme- oder Sahnereste aus der Schüssel geholt werden (zum Leidwesen von Naschkatzen), vorausgesetzt der Schaber ist aus flexiblem Plastik. Der Griff darf ruhig stabil sein (Holz, Metall).

Löffel
Holz- oder Plastikkochlöffel zum Rühren. Esslöffel zum Abwiegen.

Küchensieb
Braucht man im Großformat zum Waschen von Früchten, im Mittelformat zum Durchstreichen von Fruchtpürees und im Kleinformat zum Bestäuben von Gebäck oder Kuchen, z. B. mit Puderzucker.

Gut zu wissen

Ananas, Papaya und Kiwi
enthalten eiweißspaltende und verdauungsfördernde Enzyme. Mischt man sie mit Milchprodukten, werden diese leicht bitter. Außerdem verhindern die Enzyme auch des Festwerden von Gelatine. Abhilfe: Einfach die Früchte kurz heiß machen, dann verlieren die eiweißspaltenden Enzyme ihre Wirkung.

Für Cremes
mit rohen Eiern ist es ganz wichtig, dass die Eier superfrisch sind – sie dürfen nicht älter als 3–4 Tage sein. Und eine mit rohen Eiern zubereitete Creme muss im Kühlschrank aufbewahrt und möglichst noch am Tag der Zubereitung gegessen werden. Nur so haben Salmonellen keine Chance.

Übriges Eiweiß
Damit kann man ganz einfach Baiser zubereiten. 2 Eiweiße mit den Schneebesen des Handrührers steif schlagen und 100 g Zucker langsam einrieseln lassen. Mit einem Teelöffel kleine Häufchen aufs Backblech setzen und im 100 °C heißen Ofen 2 Stunden trocknen. Baisers an einem trockenen, warmen Ort aufbewahren.

Gelatine auflösen
Gelatineblätter aus der Packung nehmen und einzeln in kaltem Wasser einweichen. Sobald die Blätter durchsichtig und glitschig sind, herausnehmen und tropfnass entweder in einen Topf legen und auf dem Herd unter Rühren bei ganz geringer Hitze auflösen oder direkt in einer heißen Flüssigkeit. Nicht kochen lassen!

Schokolade über dem Wasserbad schmelzen
Hört sich kompliziert an, ist es aber nicht. Einen Topf auf die Herdplatte stellen, zur Hälfte Wasser einfüllen und heiß werden lassen. Eine zum Topf passende Schüssel (am besten Edelstahl und runder Boden) so in den Topf hängen, dass sie das Wasser nicht berührt. Die fein zerkleinerte Schokolade in die Schüssel geben und schmelzen lassen, dabei hin und wieder vorsichtig rühren. Achtung: Kommen einige Spritzer Wasser in die Schokolade, wird sie klumpig. Rettung: 1 TL Öl oder geschmolzenes Kokosfett kräftig unterrühren.

Pudding und Cremes stürzen
Crememasse in die Form füllen und sofort kühl stellen. Vor dem Stürzen die Creme ein wenig vom Rand lösen und auf Teller stürzen. Klappt es nicht auf Anhieb, die Form ganz kurz noch in heißes Wasser halten.

Cremig – fruchtig – schnell

Mit wenig Aufwand ist schnell was Süßes auf dem Tisch? Ja, hurra! Die Laune ist gerettet! Denn nach einem stressigen Tag hat doch wohl jeder zur Belohnung einen raschen Nachtisch verdient – der tut einfach unwahrscheinlich gut, oder?

Beerige Schmandcreme, exotischer Obstsalat oder Apfelmus in Pink zum Beispiel sind ruck, zuck zubereitet und können anschließend in aller Ruhe geschlemmt werden. Wer denkt dann noch an die Hektik am Morgen?

Zitronencreme

FÜR VIER: 1 unbehandelte Zitrone so richtig schön heiß waschen, danach mit Küchenpapier oder einem Tuch trockenreiben. Die Schale mit einer Küchenreibe abreiben, den Saft auspressen.

Den Zitronensaft und die -schale mit 2 EL Honig und 250 g Dickmilch in eine Schüssel geben und mit eleganter Schneebesenführung gründlich verrühren.

Jetzt ist es gleich geschafft. Nur noch 400 g süße Sahne steif schlagen – optimal gelingt das, wenn Sahne, Schüssel und Rührbesen gut kalt sind, besonders wenn's draußen heiß ist – und die Zitronendickmilch nach und nach in die Sahne rühren. Voilà! Es darf geschlemmt werden.

Avocadocreme

FÜR VIER: 1 Zitrone auspressen. 2 vollreife Avocados (Reifegrad beim Kauf ungeniert testen! Kurz draufdrücken, das Fleisch muss sich durch die Schale weich anfühlen) halbieren, den Stein herausnehmen. Fruchtfleisch aus den Schalen löffeln, in kleine Würfel schneiden. Die Schalen unbedingt aufheben.

Avocadowürfel sofort mit dem Zitronensaft, 150 g sahnigem Naturjogurt und 2 EL Orangenmarmelade im Mixer pürieren.

Die Avocadocreme in die Schalenhälften füllen und diese auf kleine Teller (dürfen ruhig knallige Farben haben, das macht Stimmung) stellen. Mit einigen frischen Himbeeren garnieren.

Litschi & Kirsche

FÜR VIER: 1 Dose Litschis (225 g) öffnen, den Inhalt in ein Sieb kippen und die Früchte abtropfen lassen. Dabei den Saft auffangen.

Litschis auf Dessertteller oder kleine Schüsselchen verteilen. Jeweils 1 rote Cocktailkirsche (hübsch schaun sie mit Stiel aus) als „Kern" in die Mitte geben. Etwas Litschissaft darüber träufeln.

AUCH NICHT SCHLECHT: Wer mag, kann noch Mandelstifte kurz anrösten und auf den Litschis verteilen.

Früchtchen für die süßen Momente

gute
10
Minuten

Kiwicreme
Die Vitaminbombe

FÜR SECHS: 6 Kiwis • 150 g Zucker • 400 g süße Sahne • 1 Päckchen Vanillezucker • 400 g Frischkäse • 1 Becher Naturjogurt (150 g)

Zeit: etwa 25 Minuten • **Kalorien pro Portion:** 520

1 Zuerst gleich mal 5 Kiwis schälen und längs halbieren. Die Hälften in Scheiben schneiden, nicht zu dick und nicht zu dünn. Mit 100 g Zucker in einen Topf geben, bei geringer Hitze 5 Minuten leicht köcheln lassen. Kurz abkühlen lassen, Pürierstab rein, fein zerkleinern. Dann zum kompletten Auskühlen in den Kühlschrank stellen.

2 Die Sahne mit Vanillezucker supersteif schlagen. Frischkäse mit Jogurt in eine Schüssel geben und mit dem restlichen Zucker cremig schlagen (nicht schummeln!). Das abgekühlte Kiwipüree unter die Frischkäsemasse rühren. Die geschlagene Sahne unterheben.

3 Die übrige Kiwi schälen und in kleine Würfel schneiden. Die Kiwicreme in Schälchen füllen, mit den Kiwiwürfeln bestreuen. Genießen. Mit einem Keksröllchen vielleicht oder auch einfach nur pur.

Mangocreme
Süß, schnell, lecker

FÜR SECHS: 1 vollreife Mango • 3 EL Puderzucker • 1 Dose Mangos (425 g) • 300 g süße Sahne • 500 g Quark (nicht unbedingt Magerstufe) • 250 g Mascarpone

Zeit: 15 Minuten • **Kalorien pro Portion:** 585

1 Die frische Mango ganz dicht rechts und links am Kern entlang aufschneiden, in 2 Hälften sozusagen. Die Mangohälften schälen und zuerst in dünne Scheiben und dann gleich in kleine Würfel (so etwa 1–2 cm groß) schneiden. 1 EL Puderzucker drüberstäuben, zugedeckt stehen lassen.

2 Inzwischen die Mangofrüchte aus der Dose mit dem Saft fein pürieren – mit dem Pürierstab oder im großen Mixer. Die Sahne steif schlagen. Quark und Mascarpone mit dem restlichen Puderzucker cremig rühren, das Mangopüree kräftig unterschlagen, die Sahne vorsichtig unterheben. Die Mangocreme in Schälchen füllen und mit den Mangowürfeln bestreuen.

AUCH NICHT SCHLECHT: 2–3 EL Kakao- oder Orangenlikör mit dem Puderzucker unter die Mangowürfel mischen. Abgedeckt etwa 20 Minuten ziehen lassen.

ganz nah

die Tropen

Schmandcreme mit Beeren
Genießen erlaubt

FÜR VIER:
2 Blatt weiße Gelatine
1 unbehandelte Zitrone
50 g Zucker
400 g Schmand (das ist ein cremiger Rahm mit leicht säuerlichem Geschmack)
300 g Beeren (z. B. Heidelbeeren, Himbeeren, Erdbeeren, Brombeeren, Stachelbeeren) –
solo oder gemischt, frisch, keinesfalls tiefgekühlt
1 Päckchen Vanillezucker
1 Eiweiß
200 g süße Sahne

Zeit: 25 Minuten
Kalorien pro Portion: 485

1 Gelatineblätter in so viel kaltem Wasser einweichen, dass sie darin schwimmen. Die Zitrone heiß waschen und trockenreiben. Etwa 1 TL Schale mit der Küchenreibe fein abreiben, Saft auspressen. Den Zitronensaft mit dem Zucker in einen Topf schütten und dem Ganzen gute Hitze geben, bis sich der Zucker gelöst hat, dabei rühren.

2 Die Gelatine tropfnass dazugeben und darin auflösen. Schmand dazu, verrühren. Die Masse 20 Minuten in den Kühlschrank stellen. Inzwischen die Beeren verlesen und putzen und nur ganz kurz abbrausen, im Sieb gut abtropfen lassen. Die Beeren mit dem Vanillezucker bestreuen.

3 Das Eiweiß mit der Sahne in eine hohe Rührschüssel geben und cremig rühren. Dafür etwa 5 Minuten einplanen. Jetzt die abgekühlte Schmandcreme nach und nach unterrühren – am besten mit dem Schneebesen. Die Schmandcreme und die Beeren schichtweise in eine große Glasschüssel füllen.

AUCH NICHT SCHLECHT: Für heiße Tage die Creme in saubere, kleine Jogurtbecher füllen, mit Klarsichtfolie verschließen und für mindestens 3 Stunden in das Tiefkühlfach stellen. Dann herausnehmen, die Becher einfach mit der Schere aufschneiden und das Gefrorene auf Teller stürzen. Mit Fruchtpüree genüsslich verspeisen. Oder: Ein Muffinblech mit bunten Papierförmchen auslegen und die Creme einfüllen und tiefkühlen.

Bunter Obstsalat
Altbewährt und irgendwie nie langweilig

FÜR VIER: Saft von 1 Zitrone • 1 EL Puderzucker • 2 rotschalige Äpel • 2 Birnen • 1 Banane • 250 g Weintrauben (rot oder grün, egal, ohne Kerne wäre nicht schlecht) • 250 g Erdbeeren

Zeit: 15 Minuten • **Kalorien pro Portion:** 155

1 Den Zitronensaft mit dem Puderzucker und 2 EL Wasser in einer Schüssel verrühren. Die Äpfel und Birnen gründlich waschen, vierteln und das Kerngehäuse herausschneiden. Viertel quer in dünne Scheiben schneiden (die Schale bleibt dran, das gibt Farbe). Die Apfel- und Birnenscheiben sofort in die Schüssel mit dem Zitronenwasser geben und alles gut vermischen, damit nix braun wird.

2 Die Banane schälen und in Scheiben schneiden und ebenfalls in die Schüssel geben und untermischen (auch sie soll nicht braun werden). Die Weintrauben waschen, größere Trauben halbieren. Sollten die Trauben Kerne haben, diese mit einem kleinen, spitzen Messer rausmachen. Die Erdbeeren putzen, waschen und je nach Größe halbieren oder vierteln. Weintrauben und Erdbeeren mit den anderen Früchten vermischen.

3 Obstsalat in Gläser füllen. Das war's. Mit einem dicken Klecks Schlagsahne (für ganz Süße mit Vanillezucker geschlagen) schmeckt's am besten. Mit Honig verrührter Naturjogurt ist aber auch nicht schlecht.

Exotischer Obstsalat
Anstatt Reisebüro

FÜR VIER: je 1 Mango, Papaya und kleine Ananas (so richtig schön reif)* • 100 g Physalis (heißen auch Kapstachelbeeren)* • 1 Karambole (manchen besser unter Sternfrucht bekannt)* • 1 EL Puderzucker

Zeit: 20 Minuten • **Kalorien pro Portion:** 120

1 Die Mango ganz dicht rechts und links am Kern entlang aufschneiden, in 2 Hälften sozusagen. Die Mangohälften schälen und in schmale Spalten schneiden. Die Papaya halbieren und die Kerne mit einem kleinen Löffel rauskratzen. Die Papayahälften schälen, das Fruchtfleisch in Würfel schneiden.

2 Die Ananas von Strunk und Blattkrone befreien, längs vierteln. Die Viertel schälen, das Fruchtfleisch in Würfel schneiden. Die Physalis aus ihren hauchfeinen Hüllen nehmen, waschen und halbieren. Die Karambole waschen und in dünne Scheiben schneiden.

3 Alle Früchte in einer Schüssel miteinander mischen, den Puderzucker darüber stäuben, nochmal mischen. Den Obstsalat in kleine Schälchen füllen und servieren. Oder gleich in der großen Schüssel auf den Tisch stellen.

(* Gibt es in gut sortierten Supermärkten in der Obstabteilung. Bei den Exoten suchen!)

gemischtes

Doppel

Ananas-Kokosmilch-Kompott
Zwei Exoten in einem Topf

FÜR VIER: 1 Dose Kokosmilch (400 ml) • 1 unbehandelte Limette • 3 EL brauner Zucker • je 2 Sternanis und Kardamomkapseln (gibt's beides im Orientshop oder manchmal auch im Reformhaus) • 1/2 Stange Zimt (muss aber nicht sein) • 1 Dose Ananas in Scheiben (um die 500 g) • 1 TL Speisestärke

Zeit: 15 Minuten • **Kalorien pro Portion:** 145

1 Die Kokosmilchdose kurz kräftig schütteln, öffnen und die Milch in einen Topf geben. Limette gründlich heiß waschen und die Schale abreiben, den Saft auspressen. Mit Zucker und den Gewürzen zur Kokosmilch geben und alles langsam erhitzen (die Platte also nicht zu heiß machen, mittlere Stufe ist gut).

2 Kurz bevor sie loskocht, die Milch, auch die Ananasdose öffnen und den Inhalt in ein Sieb schütten. Ananasscheiben abtropfen lassen, den Saft auffangen. Die Stärke mit 8 EL Ananassaft verrühren und zu der Kokosmilch geben. Aufkochen lassen, dabei den Schneebesen schwingen. Platte ausschalten, Topf runterziehen.

3 Die Ananasscheiben zur Kokosmilch geben. Den Topf wieder auf die Herdplatte (jetzt ausgeschaltet) stellen und die Ananas 5 Minuten in der Milch ziehen lassen. Die Gewürze rausfischen, das Kompott in Schälchen füllen. Schmeckt warm und kalt. Schlagsahne dazu ist nie verkehrt.

Aprikosenpüree mit Jogurtcreme
Nachspeise aus dem Orientexpress

FÜR VIER: 500 g getrocknete Aprikosen • 2 unbehandelte Orangen • 250 g sahniger Naturjogurt • 4 EL Honig • 1 EL Orangenblütenwasser (gibt es in jeder Apotheke, manchmal auch im Reformhaus) • 1 EL Pistazien

Zeit: 20 Minuten + 20 Minuten Einweichen + 20 Minuten Weichkochen • **Kalorien pro Portion:** 480

1 Die Aprikosen in einer Schüssel mit lauwarmem Wasser bedecken, 20 Minuten einweichen. Inzwischen die Orangen gründlich waschen und die Schale abreiben, den Saft auspressen. Den Jogurt in ein feines Haarsieb schütten und abtropfen lassen.

2 Die eingeweichten Aprikosen samt Einweichwasser, den Orangensaft und 3 EL Honig in einen Topf geben. 1 TL Orangenschale beiseite stellen, den Rest davon auch rein in den Topf. Die Aprikosen weich kochen, das dauert etwa 20 Minuten. Etwas abkühlen lassen.

3 Nun die Aprikosen mit der Flüssigkeit im Mixer pürieren. Den abgetropften Jogurt mit der vorher beiseite gestellten Orangenschale, dem übrigen Honig und dem Orangenblütenwasser verrühren. Aprikosenpüree auf Teller geben, Jogurtcreme drüber, Pistazien drauf. Löffeln.

stillt jedes

Fernweh

Kefir-Beeren-Süppchen
Kühles für heiße Sommertage

FÜR VIER:
450 g Beeren (z. B. Heidelbeeren, Himbeeren, Erdbeeren, Brombeeren, Stachelbeeren) – solo oder gemischt, frisch oder auch aus der Tiefkühltruhe
100 g Puderzucker
Saft von 1 Zitrone
2 EL Apfeldicksaft
500 g Kefir

Zeit: 15 Minuten
Kalorien pro Portion: 230

1 Die frischen Beeren verlesen, putzen, in ein Sieb geben, ganz kurz mit kaltem Wasser abbrausen und gut abtropfen lassen. Die tiefgekühlten Beeren auftauen lassen. Einige schöne Beeren beiseite legen, die restlichen mit dem Puderzucker im Mixer pürieren. Oder alles in einen hohen Rührbecher geben und mit dem Pürierstab fein zerkleinern. (Wen die kleinen Kernchen stören, streicht das Püree noch durch ein feines Sieb.)

2 Den Zitronensaft mit dem Apfeldicksaft und dem Kefir mit dem Schneebesen herrlich cremig schlagen. Das Beerenpüree unterrühren. Das Beerensüppchen in tiefe Teller oder in Schälchen füllen, mit den beiseite gelegten Beeren bestreuen. Sofort essen!

AUCH NICHT SCHLECHT: Statt Kefir 250 g Buttermilch und 250 g Sauerrahm oder Schmand nehmen. Oder von 400 g Heidelbeeren 1 Hand voll beiseite legen. Übrige Beeren mit 3 EL Heidelbeersaft oder einem anderen roten Fruchtsaft (vielleicht Kirschsaft oder Pflaumensaft), 1 Päckchen Vanillezucker, 3 EL Zucker und 500 g Buttermilch im Mixer kräftig durchmixen. Kurz in den Tiefkühler stellen und dann gut gekühlt in Schälchen füllen. Die beiseite gelegten Beeren darüber streuen.

Erdbeer-Ricotta-Creme
Oder die Sehnsucht nach dem Erdbeermund

FÜR VIER: 500 g Erdbeeren • 2 EL Puderzucker • 300 g süße Sahne • 100 g weiße Schokolade • 500 g Ricotta (italienischer Frischkäse, die cremig-weiche Sorte nehmen)

Zeit: 20 Minuten • Kalorien pro Portion: 635

1 Die Erdbeeren verlesen und putzen, waschen und in einem Sieb gut abtropfen lassen. Einige schöne Beeren beiseite legen (nicht naschen!). Rest ohne jegliches Maß klein schneiden und mit dem Puderzucker in einen Mixer rein, pürieren. (Mit dem Pürierstab geht es ebenfalls sehr gut.)

2 Einen kleinen Topf auf den Herd stellen, 100 g Sahne hineinschütten, die Platte anstellen – schwache Stufe, höchstens mittlere – und die Sahne langsam erhitzen. Die Schokolade in Stücke brechen oder mit dem Messer grob hacken, in die Sahne geben und darin schmelzen lassen.

3 Ricotta cremig rühren, Schokoladensahne und pürierte Erdbeeren dazu, weiterrühren. Jetzt nur noch die restliche Sahne steif schlagen und unter die Erdbeer-Ricotta-Creme heben. Fertig! Creme in viele kleine Schüsselchen oder in eine große füllen und mit den beiseite gelegten Beeren (hoffentlich sind sie noch da) dekorieren.

Melonengrütze
Grüne Grütze, aus dem Handgelenk geschüttelt

FÜR ZWEI: 1 reife Galia-Melone, die betörend duftet, denn dann ist sie richtig gut (etwa 700 g schwer) • 1 unbehandelte Limette • 2 EL Puderzucker

Zeit: 10 Minuten • Kalorien pro Portion: 90

1 Großes Messer in die Hand und Melone halbiert, dann Löffel in die Hand und Kerne rausgeschabt. Auch mit dem Löffel aus der einen Melonenhälfte das Fleisch rausholen und in Würfel schneiden. Aus der anderen Hälfte Kugeln ausstechen. (Dafür gibt es einen speziellen Ausstecher. Falls so ein Kugelausstecher in der eigenen Küche nicht zu finden, ausleihen. Oder kaufen. Oder das Fruchtfleisch der zweiten Hälfte auch würfeln.)

2 Die Limette heiß waschen und die Schale abreiben, den Saft auspressen. Beides mit Puderzucker und den Melonenwürfeln in einen Topf geben, kurz aufkochen lassen. Mit dem Pürierstab fein zerkleinern oder im großen Mixer. In eine Schüssel füllen und die Melonenkugeln (oder eben die Würfel) dazugeben.

AUCH NICHT SCHLECHT: Der Grütze mit altbewährtem Götterspeise-Pulver „Waldmeister" zusätzlich Farbe und Aroma geben. Dafür 1 TL von dem Pulver mit 1 EL lauwarmem Wasser verrühren und unter das Melonenpüree mischen. Oder die Grütze mit 1 kräftigen Schuss Waldmeistersirup oder 2 cl Curaçao Likör verfeinern.

angenehm kühle

Sommerfrische

Himbeer-Wackel-Pudding
Wonnig, wacklig und ganz schön sinnlich

FÜR ACHT:
1 l roter Fruchtsaft (von Kirschen oder Johannisbeeren oder einer anderen roten Frucht)
6 EL Himbeersirup
2 Päckchen Himbeer-Götterspeise
400 g süße Sahne
2 TL Bourbon Vanillezucker
200 g Himbeeren

Zeit: 20 Minuten + Kühlen über Nacht
Kalorien pro Portion: 140

1 Den Fruchtsaft mit dem Himbeersirup in einen Topf schütten. Das Götterspeise-Pulver unterrühren (mit dem Schneebesen gibt's garantiert keine Klümpchen) und zum Quellen 5 Minuten stehen lassen.

2 Den Topf auf den Herd stellen, Platte an (mittlere Stufe ist genehm) und den Saft und das Pulver unter Rühren heiß werden lassen. Zwischendurch die schönste Puddingform raussuchen, die das Haus zu bieten hat. Kaltes Wasser reinlaufen lassen und wieder rausschütten und nebenbei auch ein Auge auf den Saft im Topf haben, denn kochen darf er nicht. Hat sich das Götterspeise-Pulver gelöst (die Hitze macht's möglich), die Flüssigkeit in die Form füllen. In den Kühlschrank stellen und über Nacht fest werden lassen.

3 Am nächsten Tag die Form aus dem Kühlschrank nehmen. Kurz in heißes Wasser tauchen und den Wackelpudding auf eine große Platte stürzen. Jetzt nur noch die Sahne mit dem Vanillezucker steif schlagen, in einen Spritzbeutel füllen und den Pudding damit verzieren. Die Himbeeren verlesen und putzen und als Tüpfelchen auf dem i auf die Sahne geben.

AUCH NICHT SCHLECHT: Rote Bärchen im Grünen. Den Wackelpudding wie oben beschrieben zubereiten, allerdings in kleine Bärenformen füllen. Zusätzlich 1 Päckchen Götterspeise „Waldmeister" nach Packungsanweisung zubereiten und im Kühlschrank fest werden lassen. Anrichten: Grünen Wackelpudding mit einem Messer klein hacken und auf Tellern verteilen. Die Bärchen aus der Form lösen und ins „Grüne" legen.

Apfelmus in Pink
Manche mögen's bunt

FÜR VIER: 750 g rotbackige Äpfel (am besten die, die säuerlich schmecken) • 150 ml roter Johannisbeersaft • 2 EL Johannisbeergelee (oder auch ein bisschen mehr)

Zeit: 20 Minuten • Kalorien pro Portion: 150

1 Äpfel gründlich waschen und trockenreiben, dann in Viertel zerteilen und das Kerngehäuse herausschneiden. Die Apfelviertel quer in Scheiben schneiden. (Wer möchte, kann die Äpfel auch schälen – keine Frage. Mit Schale gibt's aber ein paar Vitamine mehr, denn die sitzen ja bekanntlich direkt darunter.)

2 Johannisbeersaft und Gelee in einen Topf schütten und bei guter Hitze einmal kurz aufkochen lassen. Die Hitze runterfahren, die Apfelscheiben dazugeben und zugedeckt 5 Minuten sanft vor sich hin köcheln lassen.

3 Die weich gekochten Äpfel in ein Sieb schütten, den Sud dabei auffangen. Die Äpfel im Mixer oder mit dem Pürierstab fein zerkleinern, den Sud wieder unterrühren. Probieren. Ist der süße Nerv noch nicht ganz befriedigt? Noch ein bisschen Gelee untermischen. Dann ab ins Schälchen und rauf auf den Tisch damit.

Apfel-Birnen-Kompott in Ahornsirup
Down to earth! Bodenständig

FÜR VIER: 500 g Lieblingsäpfel • 500 g Birnen (auch die Lieblinge) • Saft von 1 Zitrone • 3 EL Honig oder Ahornsirup • 1/2 Vanilleschote • 1/2 Stange Zimt • 2 EL Mandelstifte

Zeit: etwa 15 Minuten • Kalorien pro Portion: 220

1 Äpfel und Birnen waschen oder dünn abschälen, wer mag. Die Früchte halbieren, das Kerngehäuse herausschneiden. Die Fruchthälften in dünne Spalten schneiden und mit dem Zitronensaft vermischen.

2 In einen Topf 1/4 l Wasser mit dem Honig oder Ahornsirup geben und erhitzen. Die Vanilleschote längs einschneiden und mit der Zimstange dazugeben. Flüssigkeit bei starker Hitze 5 Minuten kräftig durchkochen lassen. Dann die Hitze total runterfahren, die Apfel- und Birnenspalten einlegen und 5 Minuten zugedeckt ziehen lassen. Zimtstange und Vanilleschote wieder rausnehmen.

3 Die Mandelstifte pur in eine Pfanne geben und kurz anrösten. Das Apfel-Birnen-Kompott in Schälchen füllen und mit den Mandelstiften bestreuen. Warm oder kalt lecker, lecker, lecker.

aus dem eigenen

Obstgarten

Schokoladig – luftig – zart

Schokolade versüßt das Leben, sagt man, und das ist uns Anlass genug, dieser zartschmelzenden Köstlichkeit ein ganzes Kapitel zu widmen. Ja, richtig gehört, hier dreht sich alles nur um feinste Schokolade. Das ist doch ein bisschen übertrieben? Warten Sie's ab.

Wenn Ihnen gute Freunde nur noch „Ahs" und „Ohs" zurufen, nachdem sie Ihre Schoko-Nuss-Küsschen, Powerbällchen, Zitronentrüffel oder Schokoladenmousse gegessen haben, werden Sie Ihre Meinung bestimmt ganz schnell ändern.

Karamellsauce

FÜR VIER: 4 EL Zucker mit 2 EL Wasser in einen Topf geben und gründlich verrühren. Erhitzen und dabei die Finger vom Rührlöffel lassen. Erst wenn sich der Zucker vollständig gelöst hat, weiterrühren und zwar so lange, bis ein leicht gebräunter Karamellsirup entstanden ist. Dann runter vom Herd mit dem Topf.

200 g süße Sahne oder Milch mit 1 TL Saucenpulver (Vanillegeschmack!) verrühren und zum Karamellsirup geben – mit leichtem Zischen, denn der Sirup ist tierisch heiß. Topf wieder auf den Herd stellen und alles bei schwacher Hitze zu einer cremigen Karamellsauce einkochen. Rühren nicht vergessen.

Und dann nur noch warm oder kalt über Kaffeemousse (Seite 40), dem Panna cotta von Seite 58 oder Gelato di crèma (Seite 62) verteilen.

Dunkle Schokosauce

FÜR VIER: 150 g süße Sahne und 100 g Crème double in einen Topf geben und erhitzen.

150 g Zartbitterschokolade mit dem Messer oder im Blitzhacker in kleine Stücke hacken oder auf der Küchenreibe grob raspeln. Mit 1 EL Puderzucker in der heißen Sahne unter Rühren auflösen.

Die Schokoladensauce abkühlen lassen und dabei auch rühren, damit sich keine Haut bildet. Bis zum Gebrauch in den Kühlschrank stellen.

Mit Bananen, Vanilleeis und reichlich Schlagsahne kombinieren – das schmeckt vielleicht köstlich!

Helle Schokosauce

FÜR VIER: 100 ml Milch und 100 g süße Sahne in einen Topf geben und erhitzen.

100 g weiße Schokolde mit dem Messer oder im Blitzhacker in kleine Stücke hacken oder auf der Küchenreibe grob raspeln. Die Schokolade in der Sahne-Milch-Mischung unter Rühren auflösen.

Die Schokoladensauce abkühlen lassen und dabei auch rühren, damit sich keine Haut bildet. Bis zum Gebrauch in den Kühlschrank stellen.

Süße Doppel, die sich sehen lassen können: helle Schokosauce mit Espresso-Mousse (Seite 42), den Obstsalaten von Seite (20) oder Sckokoeis.

Für drunter und drüber

gute
15
Minuten

Schoko-Kokos-Schnitten
Bärenstark

FÜR ETWA 35 SCHNITTEN:
250 g Zartbitterschokolade oder -kuvertüre
3 EL süße Sahne
6 Eier
1 Prise Salz
120 g Zucker
150 g Kokosflocken
1 EL Speisestärke
1 EL Puderzucker
2 EL Butter

Zeit: 30 Minuten + 30 Minuten Backen + 1 Stunde Kühlen
Kalorien pro Schnitte: 100

1 Den Backofen gleich mal auf 175 °C vorheizen und ein Backblech mit Backpapier auslegen. Nun kann's mit der Teigzubereitung losgehen. Die Zartbitterschokolade oder -kuvertüre mit einem Messer in Stücke schneiden oder im Blitzhacker zerkleinern und 150 g davon mit der Sahne in einen Topf geben. Langsam bei ganz wenig Hitze schmelzen lassen. Dabei immer wieder umrühren, damit nichts anbrennt.

2 Die Eier trennen. Die Eiweiße mit dem Salz zu einem supersteifen Schnee schlagen. Die Eigelbe und den Zucker hellschaumig und cremig schlagen. Geschmolzene Schokolade dazu, den Eischnee auch. 100 g Kokosflocken mit der Stärke mischen und darüber stäuben. Mit dem Schneebesen alles vorsichtig unterheben.

3 Den Teig auf das Blech geben und glatt streichen (geht mit einer Palette ziemlich gut, der Teigschaber oder die Teigkarte tun's aber ebenso). Das Blech in den Ofen (Mitte!) schieben und den Teig 30 Minuten backen.

4 Das Blech aus dem Ofen nehmen und den Biskuit etwas abkühlen lassen. Diese Zeit nutzen und einen Guss zubereiten. 3 EL Wasser mit dem Puderzucker in einen kleinen Topf geben und erhitzen. Übrige Schokolade mit in den Topf geben. Kräftig rühren, bis die Schoki geschmolzen ist. Topf vom Herd nehmen, die Butter unterrühren.

5 Den Schokoguss gleichmäßig auf dem Schokoboden verteilen. Mit den restlichen Kokosflocken bestreuen. Das Blech 1 Stunde an einen kühlen Ort stellen, bis der Guss fest ist. Den Kuchen in etwa 5 x 7 cm große Rechtecke schneiden oder in Quadrate oder in Dreiecke oder… oder… oder… Zur Info: Die Schnitten schmecken von Tag zu Tag besser. Also nicht ungeduldig gleich alle aufessen.

Schoko-Crunchy-Nuts
Glücklichmacher zum Naschen

FÜR 20 NUTS: 200 g Zartbitterschokolade oder -kuvertüre • 50 g Butter • 1 EL Kokosfett • 100 g Crunchy Nut (das sind nussige Cornflakes) • 50 g gehackte Mandeln
Zeit: 20 Minuten + 2 Stunden Kühlen • **Kalorien pro Nut:** 115

1 Die Schokolade oder die Kuvertüre mit einem Messer grob hacken oder im Blitzhacker zerkleinern. Mit der Butter und dem Kokosfett in einem Topf bei ganz schwacher Hitze schmelzen lassen, dabei immer wieder mal Rühren, damit nichts anbrennt. Den Topf von der Herdplatte nehmen.

2 Die Crunchy Nut in einen Gefrierbeutel füllen und ein paar Mal mit der Hand draufboxen, so dass sie fein zerbröseln. Danach mit den Mandeln gründlich unter die Schokoladenmasse rühren.

3 Ein Backblech mit Backpapier auslegen. Mit zwei Teelöffeln kleine Häufchen von der Schoko-Crunchy-Mischung auf das Blech setzen, 2 Stunden kühl stellen. Die Schoko-Crunchy-Nuts vom Blech lösen, in eine Box geben, den Deckel runterdrücken. Kühl aufbewahren, denn so schmecken sie am allerbesten.

Powerbällchen
Zum Durchstarten

FÜR 25 BÄLLCHEN: 100 g kandierte Früchte (die Favoriten sind Ananas, Papaya und Mango, es darf aber auch was anderes sein) • 1 EL Ananaskonfitüre • 200 g Marzipanrohmasse • 100 g Puderzucker • 3 EL Kakaopulver • Außerdem: 25 kleine Pralinenförmchen (je bunter, desto besser)
Zeit: 30 Minuten + 1 Stunde Durchziehen • **Kalorien pro Bällchen:** 60

1 Die kandierten Früchte ganz fein zerkleinern – entweder mit einem großen Messer oder im Blitzhacker. Die Früchte mit der Ananaskonfitüre vermischen und zugedeckt 1 Stunde durchziehen lassen.

2 Das Marzipan mit dem Puderzucker und den vorbereiteten Früchten verkneten. Jetzt die Hände angefeuchtet, etwas Frucht-Marzipan-Masse abgezwackt und daraus eine kleine Kugel geformt. Das geht so lange, bis die komplette Masse aufgebraucht ist.

3 Das Kakaopulver in eine kleine Schüssel geben. Nach und nach ein paar Bällchen hineinwerfen und in dem Kakaopulver rumrollen, bis sie damit bedeckt sind. Bällchen in die Pralinenförmchen setzen, kühl aufbewahren.

vor und nach

dem Sport

Weiße Kaffeemousse
Einfach märchenhaft!

FÜR VIER:
50 g Kaffeebohnen (nach einer kräftigen Sorte fragen)
500 g süße Sahne
3 Blatt weiße Gelatine
200 g weiße Schokolade
1 EL Orangenlikör (muss nicht sein, gibt dem Mousse aber das gewisse Etwas)
Zeit: 20 Minuten + Kühlen über Nacht und nochmal 3 Stunden und nochmal 20 Minuten
Kalorien pro Portion: 670

1 Von den Kaffeebohnen 4 oder 8 wegnehmen, die restlichen mit der Hälfte der Sahne in eine Schüssel geben. Die Schüssel gut verschließen und über Nacht – die Sahne braucht einfach Zeit, um sich mit dem Kaffeearoma vollzutanken – in den Kühlschrank stellen.

2 Am nächsten Tag die Gelatine etwa 5 Minuten in kaltem Wasser einweichen. Die Kaffeesahne durch ein Sieb in einen Topf gießen. Die Schokolade mit einem Messer grob hacken oder mit dem Blitzhacker. Schokolade zu der Kaffeesahne in den Topf geben und alles bei ganz schwacher Hitze langsam erwärmen, bis die Schokolade geschmolzen ist, dabei immer wieder umrühren.

3 Die Gelatine aus dem Wasser nehmen, leicht ausdrücken und in der Schokoladenmasse unter Rühren auflösen. Die Masse in eine Schüssel füllen und mit Orangenlikör verrühren. Abdecken und zum Auskühlen und Andicken etwa 3 Stunden in den Kühlschrank stellen.

4 Beginnt die Schokomasse fest zu werden, restliche Sahne steif schlagen und die Schokoladenmasse nach und nach mit dem Schneebesen unterheben. Die Kaffeemousse in Gläser füllen und kühl stellen, bis sie fest ist. Das dauert etwa 20 Minuten. Mit den übrigen Kaffeebohnen dekorieren.

AUCH NICHT SCHLECHT: die fixe Kaffeemousse. Und los geht's: 150 g weiße Schokolade in kleine Stücke brechen. 100 g Sahne im Topf erwärmen. Schokolade dazugeben, unter Rühren darin schmelzen. Schokoladenmasse zum Abkühlen 15 Minuten in den Kühlschrank stellen. 200 g Sahne steif schlagen, abgekühlte Schokoladenmasse esslöffelweise unterschlagen. 1–2 EL Kaffeelikör zum Schluss unterrühren. Voilà!

Schokoladenmousse
Klassiker sind immer wieder rekordverdächtig

FÜR VIER: 200 g Vollmilchschokolade • 3 ganz frische Eiweiße • 1 Prise Salz • 50 g Zucker

Zeit: 15 Minuten + 30 Minuten Kühlen • **Kalorien pro Portion:** 325

1 Die Schokolade mit einem großen Messer ganz fein zerkleinern – im Blitzhacker geht's schneller. Für das Wasserbad einen Topf auf die Herdplatte stellen, zur Hälfte Wasser einfüllen und erhitzen. Eine Edelstahlschüssel (runder Boden wäre ideal) so in den Topf hängen, dass sie das Wasser nicht berührt. Schokolade in die Schüssel geben und unter Rühren mit dem Teigschaber schmelzen lassen.

2 Die Eiweiße mit dem Salz steif schlagen. Dann den Zucker unter weiterem Schlagen dazurieseln lassen. Die etwas abgekühlte Schokolade mit dem Teigschaber vorsichtig unter den Eischnee ziehen. Die Mousse in kleine Schälchen füllen. In den Kühlschrank stellen, fest werden lassen. Das dauert grob geschätzt 30 Minuten. Anschließend darf geschlemmt werden. Und nichts passt besser als Schlagsahne oder Schokospäne.

Espressomousse
Auch herrlich schokoladig

FÜR VIER: 100 g Zarbitterschokolade • 100 g Vollmilchschokolade • 2 EL frisch gekochter Espresso • 1 EL Puderzucker • 500 g süße Sahne • 1 EL Grappa (wer mag)

Zeit: 20 Minuten + Kühlen über Nacht • **Kalorien pro Portion:** 660

1 Die Schokolade fein zerkleinern – mit einem großen Messer oder mit dem Blitzhacker. Für ein Wasserbad Topf und Schüssel herrichten (nähere Infos gibt's oben). Espresso und Puderzucker in die Schüssel geben und gut verrühren. Die Schokolade dazugeben und unter Rühren mit dem Teigschaber schmelzen lassen. Die Schüssel vom Topf nehmen und die Espresso-Schoko-Masse etwas abkühlen lassen.

2 Die Sahne nicht zu steif schlagen, halbsteif könnte man sagen. Zuerst den Grappa einrühren (muss nicht sein, ist aber fein – und alles, was sich reimt, ist besonders gut), dann die abgekühlte Espresso-Schoko-Masse nach und nach unterrühren. Die Mousse in Espressotassen füllen und am besten über Nacht kühl stellen.

für wohlige

Musestunden

Schokoladen-Cookies
Grandma's best

FÜR ETWA 40 COOKIES:
150 g Zartbitterschokolade
120 g Butter
100 g weißer Zucker
50 g brauner Zucker
1 Päckchen Bourbon Vanillezucker
1 Ei
100 g grob gemahlene Walnüsse
175 g Mehl
1/4 TL Backpulver
ein bisschen Mehl zum Arbeiten
2 EL Puderzucker

Zeit: 30 Minuten + 2 Stunden Kühlen + 20 Minuten Backen
Kalorien pro Cookie: 90

1 Die Schokolade auf einer Küchenreibe fein reiben oder im Blitzhacker ganz fein zerkleinern und kühl stellen. Die Butter mit dem weißen und braunen Zucker, dem Vanillezucker und dem Ei mit den Schneebesen des Handrührers hellschaumig schlagen. Walnüsse, Mehl und Backpulver vermischen und unterrühren, zum Schluss die Schokolade dazugeben. Alles rasch zu einem Teig verarbeiten.

2 Ein bisschen Mehl auf die Arbeitsfläche streuen, den Teig darauf geben, vierteln und zu gleichmäßigen Rollen (4 cm Ø) formen. Die Teigrollen auf eine flache Platte legen oder in eine flache Form, mit Klarsichtfolie abdecken und 2 Stunden in den Kühlschrank stellen.

3 Backofen auf 175 °C vorheizen. Ein Backblech mit Backpapier auslegen. Die Teigrollen nacheinander aus dem Kühlschrank nehmen, in 1 1/2 cm dicke Scheiben schneiden und auf das Blech legen. Blech in den Ofen (Mitte!) schieben und die Cookies etwa 15–20 Minuten backen. Abkühlen lassen, vom Blech nehmen, auf ein Kuchengitter geben, vollkommen auskühlen lassen. Die Krönung: einen Hauch von Puderzucker über die Cookies legen.

AUCH NICHT SCHLECHT: Cookies auf Vorrat. Teigrollen gut in Folie einwickeln und einfrieren. Dann bei Bedarf, zum Beispiel wenn Gäste anrücken, einfach aus dem Tiefkühlfach nehmen, in Scheiben schneiden und backen.

Schoko-Nuss-Küsschen
www.Küsschen.de

FÜR ETWA 30 KÜSSCHEN: 150 g Macadamia-Nüsse (ungesalzen) • 200 g beste Vollmilchschokolade • 1 EL Kokosfett

Zeit: 30 Minuten + 10 Minuten Kühlen • **Kalorien pro Küsschen:** 50

1 Ein Backblech oder ein Tablett mit Backpapier auslegen. Die Nüsse in kleine Stücke hacken – mit dem Messer oder im Blitzhacker. Dann kommt die Schokolade dran, auch hacken.

2 Für das Wasserbad einen Topf auf die Herdplatte stellen, zur Hälfte Wasser einfüllen und erhitzen. Eine Edelstahlschüssel so in den Topf hängen, dass sie das Wasser nicht berührt. Die Schokolade und das Kokosfett in die Schüssel geben und unter Rühren schmelzen lassen (siehe auch Seite 11).

3 Die Schüssel aus dem Wasserbad nehmen. Die Nüsse zur Schokolade geben, gut vermischen. Mit zwei Teelöffeln kleine Schoko-Nuss-Häufchen auf das Blech oder Tablett setzen. 10 Minuten kühl stellen. Jetzt die Häufchen mit gut gekühlten Händen (unter kaltes Wasser halten und wieder abtrocknen) zu kugelrunden Küsschen formen. Am besten im Kühlschrank aufbewahren, da kann man immer mal wieder ein Küsschen stibitzen.

AUCH NICHT SCHLECHT: Schoko-Nuss-Küsschen in bunte Pralinenmanschetten setzen. Das macht Farbe!!

Amaretti-Schoko-Kugeln
Bringt auch coole Jungs zum Schmelzen

FÜR ETWA 20 KUGELN: 200 g Nougatschokolade • 50 g süße Sahne • 100 g Amaretti (das sind die bekannten Mandelplätzchen aus Italien) • 1 TL Kakaopulver • 2 EL Zucker

Zeit: 40 Minuten + 1 Stunde Kühlen • **Kalorien pro Kugel:** 85

1 Die Schokolade in kleine Stücke brechen. Die Sahne in einem Topf mit schwerem Boden erhitzen. Die Schokoladenstückchen darin bei schwacher Hitze unter Rühren schmelzen lassen. Topf vom Herd ziehen.

2 Die Amaretti in einen Gefrierbeutel geben und ein paar Mal draufboxen, bis sie rundum zerbröselt sind. Raus aus dem Beutel mit den Bröseln und rein in die Schokoladenmasse, gut vermischen. Die Masse 1 Stunde kühl stellen, dabei ab und zu umrühren.

3 Ein Backblech oder ein Tablett mit Backpapier auslegen. Kakao und Zucker vermischen und darauf geben. Die jetzt gut gekühlte Amaretti-Schoko-Masse aus dem Kühlschrank nehmen, immer wieder mit einem Teelöffel etwas von der Masse abstechen und zur Kugel formen. Kugeln in dem Kakaozucker wälzen. Kühl aufbewahren.

für Giovanni...

...und für Hans

Karibiktrüffel
Genießen und träumen von Palmen und Meer

FÜR ETWA 20 TRÜFFEL: 200 g weiße Schokolade • 2 unbehandelte Limetten • 1 EL Zucker • 50 g süße Sahne • 80 g Kokosflocken

Zeit: 30 Minuten + 2 Stunden Kühlen • **Kalorien pro Trüffel:** 90

1 Die Schokolade mit einem Messer fein zerkleinern oder mit dem Blitzhacker. Die Limetten heiß waschen und trockenreiben, die Schale abreiben. (Der Saft wird für die Trüffel nicht gebraucht, aber am besten die Limetten gleich jetzt trotzdem auspressen, den Saft in Eiswürfelbehälter füllen und einfrieren. Später in coole Longdrinks geben.) Die Hälfte der Limettenschale mit dem Zucker mischen und beiseite stellen.

2 Schokolade, Sahne und restliche Limettenschale in einen Topf geben. Die Schokolade bei geringer Hitze schmelzen lassen, dabei immer wieder rühren. Schokoladenmasse in eine Schüssel füllen und 50 g Kokosflocken unterrühren. Die Trüffelmasse zum Abkühlen zugedeckt 2 Stunden kühl stellen.

3 Übrige Kokosflocken mit der gezuckerten Limettenschale mischen und in eine flache Schüssel geben. Aus der Trüffelmasse mit gut gekühlten Händen kleine Kugeln formen und in den vorbereiteten Kokosflocken wälzen. Die Karibiktrüffel kühl aufbewahren, nur so schmecken sie unwiderstehlich gut.

Weiße Schoko-Zitronen-Trüffel
Ein ganz einfacher Griff zu den Sternen

FÜR ETWA 20 TRÜFFEL: 300 g weiße Schokolade • 1 unbehandelte Zitrone • 80 g Crème double • 60 g Löffelbiskuits (das sind so etwa 10 Stück) • 1 EL weißer Rum (wer mag)

Zeit: 40 Minuten + 2 Stunden Kühlen • **Kalorien pro Trüffel:** 115

1 Mit einem Messer oder im Blitzhacker 200 g Schokolade fein zerkleinern. Zitrone heiß waschen und die Schale abreiben. Crème double in einen Topf mit schwerem Boden geben, die zerkleinerte Schokolade und die Zitronenschale auch. Die Schoki langsam schmelzen lassen, dabei immer wieder umrühren. Abkühlen lassen.

2 Die Löffelbiskuits in einen Gefrierbeutel füllen und mit einem Nudelholz flach drücken und zerbröseln – oder einfach draufboxen. Biskuitbrösel zur geschmolzenen Schokolade geben und gut vermischen, Rum unterrühren (muss aber nicht sein). Die Trüffelmasse zugedeckt für 2 Stunden in den Kühlschrank stellen.

3 Restliche Schokolade auf der Küchenreibe fein reiben – gleich in eine flache Schüssel rein. Aus der Trüffelmasse mit gut gekühlten Händen kleine Kugeln formen und in der geriebenen Schokolade wälzen. Die Schoko-Zitronen-Trüffel kühl aufbewahren, dann sind sie unglaublich erfrischend.

zarter Schokogenuss

zum Abheben

Gebrannte Schokoladencreme
Crème brûlée ganz anders

FÜR ACHT:
1/2 l Milch
500 g süße Sahne
100 g Zartbitterschokolade
4 Eier
80 g weißer Zucker
1 TL Bourbon Vanillezucker
50 g brauner Zucker

Zeit: 25 Minuten + 1 Stunde Garen + Kühlen über Nacht
Kalorien pro Portion: 405

1 Die Milch und die Sahne in einen Topf gießen und bei schwacher Hitze erwärmen. Die Schokolade in kleine Stücke brechen, dazugeben und schmelzen lassen. Dabei ab und zu mal umzurühren, ist nicht verkehrt. Den Topf von der Herdplatte ziehen und die Schokosahne abkühlen lassen.

2 Den Backofen auf 150 °C vorheizen. Den Küchenschrank durchforsten und kleine hitzebeständige Förmchen (100 ml Inhalt) raussuchen. Eine ebenfalls hitzebeständige, große Form mit Küchenpapier auslegen (so stockt die Creme gleichmäßiger, da sie nicht zuviel Hitze von unten abbekommt) und die kleinen Förmchen hineinsetzen. Nun so viel Wasser in die große Form gießen, dass die kleinen Förmchen bis zur Hälfte darin stehen.

3 Eier, weißen Zucker und Vanillezucker mit einem Schneebesen verrühren. Die Schokosahne nach und nach einrühren. Die Schokoladencreme in die kleinen Förmchen füllen und die große Form in den Ofen (unten!) schieben. Die Creme im Ofen fest werden lassen, das dauert etwa 1 Stunde. Rausnehmen, in den Kühlschrank verfrachten und die Creme über Nacht auskühlen lassen.

4 Kurz vor dem Servieren den Grill des Backofens anschmeißen. Die Creme mit einem kleinen spitzen Messer vom Formrand lösen. Die Förmchen in heißes Wasser tauchen und die Creme auf eine hitzebeständige Platte stürzen. Braunen Zucker darüber streuen. Etwa 1 Minute unter den Grill (oben!) schieben, bis der Zucker geschmolzen und gebräunt ist. Kurz abkühlen lassen. Das schmeckt dazu: Espresso.

AUCH NICHT SCHLECHT: Creme gar nicht erst stürzen, sondern in den kleinen Förmchen mit dem braunen Zucker überstreuen und diese auch darin unterm Grill bräunen und karamellisieren lassen.

Kühl – sahnig – erfrischend

Klassiker und Evergreens, Neues und ein wenig Extravagantes – oder einfach: Süßes, abwechslungsreich und gut gekühlt. Auf den nächsten Seiten gibt es Desserts für jeden Geschmack und für heiße Sommertage.

Panna cotta oder Crème caramel laden zum Beispiel zum Naschen ein. Krokant-Eis-Torte oder Gelato di crèma erfrischen. Das klingt kompliziert? Nein, nein, die Rezepte sind supereasy und lassen sich gut vorbereiten.

Papayasauce

FÜR VIER: 2 vollreife Papayas halbieren, die kleinen Kernchen mit einem Löffel rausschaben und dann die Hälften schälen – mit dem Messer oder Sparschäler.

Das Papayafruchtfleisch grob würfeln. Den Saft von 1 Zitrone auspressen und mit den Papayawürfeln rein in den Mixer. 2 EL Puderzucker dazu und das Ganze fein pürieren. Fertig.

Schmeckt ausgezeichnet zu Panna cotta (Seite 58), der Kaffeemousse von Seite 40 und auch zum Tee-Flan, der sich auf Seite 60 voller Stolz präsentiert.

AUCH NICHT SCHLECHT: 1 EL Sauce in ein Glas geben, mit Mineralwasser, Wein oder Sekt auffüllen. Und schon steht ein Fruchtcocktail auf dem Tisch.

Himbeersauce

FÜR VIER: Entweder 250 g frische Himbeeren verlesen und putzen. Oder 250 g tiefgekühlte Himbeeren in einer Schüssel auftauen lassen.

Den Saft von 1 Zitrone auspressen. Mit den Beeren und 3 EL Puderzucker mischen und zugedeckt etwa 10 Minuten ziehen lassen.

In den Mixer geben und alles pürieren. Zum Schluss die Sauce durch ein Sieb streichen (die Kernchen stören nur) und kühl stellen, bis sie gebraucht wird.

Kalt oder heiß zu Eiscreme – da fühlt man sich wie auf Wolke sieben.

AUCH NICHT SCHLECHT: Noch fruchtiger und einen Tick süßer wird die Sauce mit 1 EL Himbeersirup.

Pfirsichsauce

FÜR VIER: 1 Dose Pfirsiche (350 g) in ein Sieb schütten und abtropfen lassen, den Saft dabei auffangen.

Die Pfirsichhälften in grobe Würfel schneiden. Den Saft und die Würfel mit 2 EL Honig oder Ahornsirup in den Mixer geben und fein pürieren. Die Sauce bis zum Gebrauch in den Kühlschrank stellen.

Einfach, aber himmlisch: die Pfirsichsauce unter cremigen Naturjogurt rühren. Oder unter Quark.

AUCH NICHT SCHLECHT: Noch 1 Schuss Pfirsichlikör unter die Sauce mischen.

Da stimmt nicht nur die Farbe

gute 5 Minuten

Milchkaffeecreme
Macht gute Laune

FÜR VIER:
6 Blatt weiße Gelatine
6 EL Milch (direkt aus dem Kühlschrank)
1/8 l frisch gekochter Espresso (starker Kaffee geht aber auch)
100 g Zucker
600 g süße Sahne
1 EL Kaffeelikör
1 TL Kakaopulver

Zeit: 20 Minuten + Kühlen über Nacht
Kalorien pro Portion: 600

1 Die Gelatine in der kalten Milch so ungefähr 5 Minuten einweichen. Derweil Espresso mit dem Zucker in einen Topf geben und erhitzen. 500 g Sahne einrühren und alles 5 Minuten bei mittlerer Hitze leicht köcheln lassen.

2 Die Gelatine samt der Milch in den heißen Sahnekaffee geben und unter Rühren auflösen. Mit dem Kaffeelikör abschmecken. Milchkaffecreme abkühlen lassen, dabei ab und zu umrühren.

3 Aus dem Küchenschrank supergroße Kaffeetassen (auf hübsches Design achten, denn es wird darin serviert) raussuchen und die Milchkaffeecreme einfüllen. Und nix wie rein mit den Tassen in den Kühlschrank. Die Creme am besten über Nacht fest werden lassen.

4 Vor dem Servieren restliche Sahne steif schlagen. Tassen mit der Creme aus dem Kühlschrank nehmen. Sahne draufgeben und mit dem Kakaopulver überstäuben. Aufessen!

AUCH NICHT SCHLECHT: Keine großen Milchkaffeetassen im Schrank – kein Problem! Einfach die Kaffeecreme in normale Tassen oder Espressotassen füllen. Oder die Creme in Portionsförmchen fest werden lassen und auf Teller stürzen. Statt mit Schlagsahne mit der schnellen Vanillecreme von Seite 72 essen oder mit frischen exotischen Früchten. Übrigens: Die Kaffeecreme kann man gut 2–3 Tage im Kühlschrank lassen.

Crème caramel
Der berühmte Evergreen

FÜR ACHT: 20 Stück Würfelzucker • 1/2 Vanilleschote • 3/4 l Vollmilch • 5 Eier • 100 g Zucker
Zeit: 15 Minuten + 55 Minuten Stocken + Kühlen über Nacht • Kalorien pro Portion: 190

1 Bereitstellen: hitzebeständige Portionsförmchen oder Auflaufform. Den Würfelzucker in einer kleinen Pfanne bei mittlerer Hitze schmelzen lassen. Sofort in die Förmchen oder die Form gießen und auf dem Boden verteilen.

2 Die Vanilleschote längs aufschlitzen und mit der Milch in einen Topf geben. Kurz aufkochen lassen, den Topf vom Herd nehmen, Vanilleschote entfernen. Den Backofen auf 160 °C vorheizen. Das tiefe Blech vom Backofen zu einem Drittel mit Wasser füllen.

3 Die Eier und den Zucker mit dem Schneebesen verschlagen. Die heiße Milch nach und nach dazugießen, dabei ständig rühren. Die Eiermilch in die Förmchen oder die Form gießen, auf das Blech stellen, abdecken. In den Ofen (unten!) schieben und in etwa 45 Minuten stocken lassen (die Crème muss fest sein, einfach mit dem Finger mal draufdrücken). Dann noch 10 Minuten im ausgeschalteten Ofen stehen lassen. Über Nacht kühl stellen.

4 Die Crème mit einem kleinen spitzen Messer vom Rand lösen und auf Teller stürzen. Crème caramel sofort genießen oder in den nächsten 4 Tagen (wer's aushält), so lange hält sie sich nämlich im Kühlschrank.

Panna cotta
Der schlichte Klassiker

FÜR VIER: 400 g süße Sahne • 2 EL Zucker • 1/2 Vanilleschote • 2 Blatt weiße Gelatine • 4 EL eiskalte Milch
Zeit: 15 Minuten + Kühlen über Nacht • Kalorien pro Portion: 340

1 Die Sahne mit dem Zucker in einen Topf geben. Die Vanilleschote längs aufschlitzen und auch rein in den Topf. Alles langsam erhitzen. Die Sahne 10 Minuten bei schwacher Hitze ganz leicht köcheln lassen. Inzwischen die Gelatine in die Milch legen und 5 Minuten einweichen. Kleine Portionsförmchen oder Porzellantassen mit kaltem Wasser ausspülen.

2 Die Gelatine samt der Milch zu der Sahne in den Topf geben und unter ständigem Rühren auflösen. Die Sahne in die vorbereiteten Förmchen oder die Tassen gießen und über Nacht kühl stellen.

3 Die Panna cotta in den Förmchen mit einem kleinen spitzen Messer vom Rand lösen und auf Teller stürzen. (Falls die Creme nicht gleich herauskommt, die Förmchen kurz ins heiße Wasser halten.) Die Panna cotta in den Tassen nicht stürzen, sondern gleich aus den Tassen kredenzen. Dazu schmecken: frische Früchte oder Fruchtsaucen (auf Seite 54 nachschlagen).

mediterraner

Genuss

Tee-Flan
Für gute Freunde

FÜR SECHS:
100 g brauner Zucker
4 TL schwarzer Tee (Teeblätter von bester Qualität, der Geschmack entscheidet)
4 Eier
60 g weißer Zucker
300 g süße Sahne

Zeit: 20 Minuten + 45 Minuten Garen + Kühlen über Nacht
Kalorien pro Portion: 315

1 Eine Kastenform (3/4 l Inhalt) kalt ausspülen. Den braunen Zucker in eine kleine Pfanne streuen und bei mittlerer Hitze schmelzen lassen. Den geschmolzenen Zucker sofort auf den Boden der Form gießen und verteilen. Backofen auf 160 °C vorheizen. Ein tiefes Backblech oder eine flache, sehr große Auflaufform in den Ofen (unten!) schieben und zu einem Drittel mit Wasser füllen.

2 Die Teeblätter mit 1/4 l kochendem Wasser übergießen und 5 Minuten ziehen lassen. Danach durch ein Sieb seihen und etwas abkühlen lassen. Eier und weißen Zucker in eine Schüssel geben und mit dem Schneebesen verschlagen. Den lauwarmen Tee nach und nach dazugießen und die Sahne auch, nochmals kräftig durchrühren.

3 Die Teesahne in die Kastenform füllen. Auf das vorbereitete Blech oder in die Form stellen, abdecken und fest werden lassen. Das dauert etwa 40 Minuten. Dann Ofen ausschalten und den Flan noch 5 Minuten im Wasserbad stehen lassen. Herausnehmen und über Nacht kühl stellen.

4 Den Tee-Flan mit einem kleinen spitzen Messer vom Formrand lösen und auf eine große Platte stürzen. Den Flan in Stücke schneiden und noch gut gekühlt essen. Am besten mit Papayasauce (Seite 54) oder frischen Physalis (das sind die kleinen orangen Beeren, die mit einer bräunlichen, papierähnlichen Hülle umschlossen sind, sehen fast aus wie ein Lampion, kennt man auch unter Kapstachelbeere).

Gelato di crèma
Mehr Sahne im Eis geht gar nicht

FÜR VIER: 500 g süße Sahne • 1 Vanilleschote • 3 Eigelbe • 100 g Zucker

Zeit: 20 Minuten + Gefrieren über Nacht • **Kalorien pro Portion:** 540

1 Die Sahne in einen Topf schütten. Die Vanilleschote längs aufschlitzen und mit rein in den Topf. Die Sahne heiß werden lassen. Nicht kochen!

2 Für das Wasserbad einen Topf auf die Herdplatte stellen, zur Hälfte Wasser einfüllen und erhitzen. Inzwischen eine Edelstahlschüssel raussuchen (runder Boden wäre optimal), die man so in den Topf hängen kann, dass sie das Wasser nicht berührt. Eigelbe und Zucker in die Schüssel geben und in etwa 2 Minuten zu einer cremigen Schaummasse schlagen.

3 Nun 4 EL heiße Sahne mit der Schaummasse verrühren. Vanilleschote aus der Sahne nehmen und nach und nach auch die restliche Sahne unter die Schaummasse rühren. Jetzt die Schüssel in den Topf hängen und die Masse über dem Wasserbad so lange rühren, bis sie dicklich ist.

4 Die Schüssel in kaltes Wasser stellen, damit die Masse abkühlen kann. Dabei ab und zu mit dem Schneebesen umrühren. In eine Schüssel (3/4 l Inhalt) oder in kleine Förmchen füllen und über Nacht gefrieren lassen.

Erdbeer-Softeis
Das pure Eisvergnügen

FÜR VIER: 500 g Erdbeereis (fertig gekauft) • 150 g süße Sahne • 2 EL Erdbeersirup

Zeit: 10 Minuten • **Kalorien pro Portion:** 395

1 Das Erdbeereis aus dem Gefrierschrank nehmen, in eine Rührschüssel geben und antauen lassen. Inzwischen die Sahne richtig schön steif schlagen und den Erdbeersirup unterrühren.

2 Die Erdbeersahne zu dem Eis geben und alles zusammen heftig cremig rühren. Die Eismasse in kleine, gut ausgespülte Förmchen füllen (Kaffeetassen oder Espressotassen gehen auch, kleine Schüsselchen oder schöne Gläser ebenso). Nochmals kurz kühl stellen, dann sofort servieren.

AUCH NICHT SCHLECHT: Erdbeer-Softeis mit frischen Erdbeeren. Oder geschmolzene Schokolade oder Kuvertüre in „dünnen Fäden" über das Eis geben und im Kühlschrank mit erstarren lassen. Das knackt so schön, beim Löffeln. Und das ist ebenfalls nicht von schlechten Eltern: Förmchen (aus Metall) oder Gläser vor und nach dem Befüllen mit dem Eis in den Tiefkühler stellen, dann sehen sie schön angefrostet aus.

Lust auf

Eiscreme

Krokant-Eis-Torte
Das kühlste Blendwerk der Welt

FÜR SECHS:
500 g Vanilleeis (fertig gekauft, sehr gut ist Eis mit Bourbon-Vanille oder das selbst gemachte von Seite 62)
16 eingelegte Amarena-Kirschen
150 g Krokant (fertig gekauft)

Zeit: 20 Minuten
Kalorien pro Portion: 245

1 Eine Springform (18 cm Ø) mit Klarsichtfolie auslegen, dabei etwas Folie über den Rand hängen lassen. (Wenn die Form vorher ein wenig Fett abbekommt, hält die Folie bombensicher.) Form in den Gefrierschrank stellen, das Vanilleeis dafür rausholen und für 10 Minuten in den Kühlschrank geben.

2 Die Amarena-Kirschen bereitstellen. Das Vanilleeis leicht cremig rühren, 100 g Krokant untermischen. Die Springform aus dem Gefrierschrank nehmen. Die Hälfte vom Vanilleeis in die Form füllen und glatt streichen, die Amarena-Kirschen darauf verteilen. Restliches Eis in die Form geben, wieder glatt streichen. Den übrigen Krokant drüberstreuen. Die Eistorte für 2 Stunden in den Tiefkühler stellen.

3 Vor dem Servieren die Eistorte aus der Form auf eine Platte oder einen großen Teller stürzen und die Klarsichtfolie abziehen. Kurz antauen lassen, mit einem heiß abgespülten Messer in Tortenstücke schneiden und auf den Tisch stellen. (Oder vielleicht lieber zuvor selbst noch ein Stück sichern, denn die Eistorte ist weg wie nichts, und schließlich möchte man auch was abbekommen.)

AUCH NICHT SCHLECHT: 100 g Knusper-Müsli und 1 EL Ahornsirup unter das leicht cremig geschlagene Eis rühren, abfüllen und 2 Stunden in das Tiefkühlfach stellen. Oder 2 EL frisch gekochten, aber schon abgekühlten Espresso und 100 g gehackte Schokolade (Sorte nach Geschmack!) unterrühren. Oder 100 g Mascarpone und 50 g grob gehackte, kandierte Walnüsse untermischen.

Kokoscreme mit Limettensauce
Exotisch und erfrischend

FÜR VIER: 4 Blatt weiße Gelatine • 4 EL Milch direkt aus dem Kühlschrank • 1 Dose Kokosmilch (400 ml) • 200 g süße Sahne • 2 EL Puderzucker • 1 EL Kokoslikör • 2 unbehandelte Limetten • 100 ml Weißwein • 3 EL Zucker

Zeit: 30 Minuten + Kühlen über Nacht • **Kalorien pro Portion:** 255

1 Die Gelatine so lange in der kalten Milch einweichen, bis sie gebraucht wird. Kleine Portionsförmchen mit kaltem Wasser ausspülen. Kokosmilch mit Sahne und Puderzucker in einen Topf geben und langsam erhitzen, dann 10 Minuten ganz leicht köcheln lassen. Ab und zu umrühren.

2 Die Gelatine samt der Milch in die heiße Kokossahne geben und darin unter Rühren auflösen. Mit Kokoslikör abschmecken. In die Förmchen füllen und über Nacht kühl stellen.

3 Die Limetten heiß waschen und die Schale von 1 Limette abreiben, den Saft beider Limetten auspressen. Wein, Zucker, Limettensaft und -schale in einen Topf geben, erhitzen und unter ständigem Rühren in etwa 5 Minuten bei schwacher Hitze sirupartig einköcheln lassen. Topf vom Herd nehmen, abkühlen lassen.

4 Creme mit einem kleinen spitzen Messer vom Formrand lösen, Förmchen kurz in heißes Wasser tauchen und die Creme auf Teller stürzen. Limettensauce darüber gießen und beides gemeinsam Löffel für Löffel genießen.

Orangen-Maracuja-Creme
Cremig kühler Fruchtgenuss

FÜR VIER: 8 Blatt weiße Gelatine • 250 ml frisch gepresster Orangensaft • 250 ml Maracujasaft • 2 EL Puderzucker • 300 g süße Sahne

Zeit: 10 Minuten + 1 Stunde Gelieren + 2 Stunden Kühlen • **Kalorien pro Portion:** 325

1 Die Gelatine etwa 5 Minuten in kaltem Wasser einweichen. Orangensaft und Maracujasaft mit dem Puderzucker in einen Topf geben und erhitzen (kochen sollte die Flüssigkeit nicht). Die Gelatine tropfnass dazugeben und auflösen. Den Fruchtsaft in eine Schüssel füllen und zum Gelieren für 1 Stunde in den Kühlschrank stellen, dabei ab und zu mal umrühren.

2 Die Sahne steif schlagen und die Hälfte des fast festen Fruchtgelees unterrühren. Gläser schichtweise mit dem Fruchtgelee und der Fruchtsahne füllen – einmal Gelee, einmal Sahne, wieder Gelee, wieder Sahne. Die Gläser für 2 Stunden in den Kühlschrank stellen und die Creme fest werden lassen. Helle Schokoladensauce (Seite 34) oder Schlagsahne dazu und es kann keiner mehr widerstehen. Versprochen!

Auch nicht schlecht: Die Creme in Portionsförmchen füllen, fest werden lassen und auf Teller stürzen, die mit Puderzucker und Kakaopulver überstäubt sind.

vom Feinsten:

Fruchtcremes

Reis mit Karamellnüssen
Schmeckt fast wie früher

FÜR SECHS:
1/2 l Milch
1 Päckchen Vanillezucker
150 g Rundkornreis (den, den man für Milchreis nimmt)
4 Blatt weiße Gelatine
2 Eier
60 g Zucker
100 g süße Sahne
2 EL Puderzucker
100 g Mandelstifte

Zeit: 45 Minuten
Kalorien pro Portion: 380

1 Milch mit Vanillezucker in einem Topf (wenn möglich mit Antihaft-Beschichtung) erhitzen. Den Rundkornreis einstreuen und alles kurz aufkochen lassen. Den Topf mit dem Deckel verschließen, die Herdplatte ausschalten und den Reis in 30 Minuten ausquellen lassen.

2 Die Gelatine in kaltem Wasser etwa 5 Minuten einweichen. Die Eier trennen. Die Eigelbe und 40 g Zucker hellschaumig schlagen. Die Sahne in einem kleinen Topf erhitzen, die Gelatine tropfnass dazugeben und darin auflösen. Sahne unter die Schaummasse rühren, mit dem Reis vermischen. Reismasse zum Abkühlen 10 Minuten in den Kühlschrank stellen.

3 Inzwischen die Eiweiße steif schlagen, dabei restlichen Zucker einrieseln lassen. Den Eischnee nach und nach unter die Reismasse heben. In eine große Schüssel füllen und kühl stellen.

4 Derweil den Puderzucker bei mittlerer Hitze in einer Pfanne schmelzen und hellbraun werden lassen. Mandeln dazugeben und unter ständigem Rühren darin wenden, bis die Nüsse leicht gebräunt sind. Auf ein Stück Backpapier geben und abkühlen lassen.

5 Vor dem Servieren die karamellisierten Nüsse in Stücke brechen. Ganz kleine oder etwas größere? Egal. Kann jeder machen, wie er will. Schüssel mit dem Reis aus dem Kühlschrank nehmen und mit den Nüssen bestreuen.

Für viele

Entspannt und ganz lässig empfangen Sie Ihre Gäste und verwundert fragen die, wie man das schaffen kann – nach dem vielen Backen und so. Sie zucken mit den Schultern und tun alles als eine Nichtigkeit ab. Denn das Ganze ging wirklich reibungslos – mit den Rezepten aus diesem Kapitel.

Der Apple Crumble war absolut kein Problem und die Doughnuts mit links gemacht, und der Käsekuchen war ebenfalls quick und easy. Tja, wer hätte das gedacht? Schön, dass es noch solche Rezepte gibt.

Schnelle Vanillecreme

FÜR VIER: 150 g süße Sahne frisch aus dem Kühlschrank direkt in eine Rührschüssel füllen und steif schlagen.

1/2 Vanilleschote längs aufschlitzen und das Mark herauskratzen. Mit 1 EL Puderzucker vermischen.

150 g Sauerrahm und den Vanillepuderzucker zur Sahne in die Schüssel geben und unterziehen. Bis zum Gebrauch kühl stellen.

Solo ein Gedicht. Aber noch besser zu Eis (Seite 62), Grütze (Seite 26 + 88) oder einem Obstkuchen, z.B. dem Apple crumble von Seite 76.

AUCH NICHT SCHLECHT: Statt Vanilleschote und Puderzucker einfach 2 Päckchen Vanillezucker nehmen. Oder den Sauerrahm durch Crème fraîche ersetzen.

Honig-Nuss-Creme

FÜR VIER: 40 g Haselnussblättchen in einer Pfanne ohne Fett goldbraun rösten. Herausnehmen und abkühlen lassen.

250 g Crème fraîche mit 2 EL flüssigem Honig (z.B. Akazien- oder Thymianhonig ist sehr fein) verrühren. Die Haselnussblättchen untermischen.

Wunderbar zu Dosenbirnen. Anderes Obst geht natürlich auch – auch frisch oder leicht gedünstet.

AUCH NICHT SCHLECHT: Haselnussblättchen durch Mandelblättchen oder geriebene Walnüsse ersetzen.

Orangensahne

FÜR VIER: 300 g süße Sahne frisch aus dem Kühlschrank direkt in eine Rührschüssel füllen und steif schlagen.

2 EL Orangenmarmelade mit 1 EL Puderzucker gut vermischen. Dann vorsichtig – am besten teelöffelweise – unter die Sahne rühren.

Unwiderstehlich zu den Obstsalaten von Seite 20, zu bärenstarken Schoko-Kokos-Schnitten (Seite 36), Muffins (Seite 86) und zu Pfannkuchen oder Waffeln.

AUCH NICHT SCHLECHT: Wer mag, verfeinert die Orangensahne noch mit 2 TL Orangenlikör oder mit 1 TL abgeriebener unbehandelter Orangenschale.

Cremiges im Handumdrehen

gute **5** Minuten

Schneckennudeln im Miniformat
Des Bäckers ganzer Stolz

FÜR 32 SCHNECKENNUDELN:
250 g Mehl + ein bisschen mehr
1 Päckchen Trockenhefe
100 g Zucker
180 ml Milch
150 g Butter
50 g Puderzucker
150 g Marzipanrohmasse
1 Ei
3 EL helle Sesamsamen
Saft von 1 Zitrone
50 g Früchtemix (bunte, gehackte kandierte Früchte, gibt's in der Backabteilung)
100 g Aprikosenkonfitüre

Zeit: 40 Minuten + 45 Minuten Ruhen + 20 Minuten Backen
Kalorien pro Schneckennudel: 110

1 In eine Schüssel 250 g Mehl sieben, die Hefe untermischen, den Zucker ebenso. Die Milch mit 100 g Butter in einen kleinen Topf geben und leicht erwärmen, dann zum Mehl gießen und zu einem glatten, elastischen Teig verkneten. Mit einem Tuch abdecken, 30 Minuten an einem warmen Ort zur doppelten Größe aufgehen lassen.

2 Inzwischen für die Füllung 30 g Butter mit dem Puderzucker, der Marzipanrohmasse in kleinen Stücken und dem Ei glatt rühren. Die Sesamsamen in einer Pfanne ohne Fett kurz anrösten, mit dem Zitronensaft unter die Marzipanmasse mengen.

3 Ein bisschen Mehl auf die Arbeitsfläche streuen. Aufgegangenen Hefeteig darauf zuerst kräftig durchkneten, dann zu einem Rechteck (40 x 30 cm) ausrollen. Teigplatte längs halbieren, restliche Butter zerlassen, die beiden Teigplatten damit einpinseln. Die Füllung auf den Teigplatten verteilen, dann das Früchtmix, dabei die Ränder etwas frei lassen. Die Teigplatten von der Längsseite her aufrollen. Die Rollen für etwa 15 Minuten in den Kühlschrank stellen und ruhen lassen.

4 Den Backofen auf 175 °C vorheizen. Ein Backblech mit Backpapier auslegen. Die beiden Hefeteigrollen aus dem Kühlschrank nehmen und jeweils in 16 Scheiben – oder besser Schnecken – schneiden. Auf das Blech legen, in den Ofen (unten!) schieben und 20 Minuten backen.

5 Währenddessen die Aprikosenkonfitüre mit 2 EL Wasser in einen Topf geben, leicht erwärmen, unter Rühren ein wenig köcheln lassen und anschließend durch ein Sieb streichen. Fertige Schnecken aus dem Ofen nehmen und noch heiß mit der Konfitüre bestreichen.

Doughnuts
Mit besten Grüßen aus den USA

FÜR 20 DOUGHNUTS: 1/2 Würfel Hefe (21 g) • 1/8 l lauwarme Milch • 60 g zimmerwarme Butter • 50 g Zucker • 2 Eigelbe • 350 g Mehl + ein bisschen mehr • 1 l geschmacksneutrales Öl oder 1 kg Frittierfett zum Ausbacken • 150 g Puderzucker oder 150 g Zucker mit 1–2 TL Zimtpulver vermischt

Zeit: 30 Minuten + 40 Minuten Ruhen • **Kalorien pro Doughnut:** 175

1 Die Hefe zerbröckeln und mit der Milch glatt rühren, 10 Minuten stehen lassen. Inzwischen Butter, Zucker und Eigelbe cremig schlagen. Hefemilch und 350 g Mehl dazugeben und alles zu einem glatten, elastischen Teig verkneten. Mit einem Tuch abdecken, an einem warmen Ort 30 Minuten gehen lassen.

2 Die Arbeitsfläche mit ein bisschen Mehl bestäuben. Teig nochmals durchkneten und 1 1/2 cm dick ausrollen. Mit einem Glas große Teigkreise (so etwa 10 cm Ø) ausstechen. Daraus mit einem kleinen, runden Ausstecher je ein Loch (etwa 2 1/2 cm Ø) ausstechen. Die Teigringe mit einem Tuch abdecken und 10 Minuten gehen lassen.

3 Das Öl oder Frittierfett in einem Topf oder einer Fritteuse auf 180 °C erhitzen. (Temperatur mit einem Küchenthermometer messen oder einen Holzlöffel hineinhalten – bilden sich kleine Bläschen, ist das Öl oder Fett heiß genug.) Die Heferinge darin nacheinander goldbraun ausbacken, herausnehmen, auf Küchenpapier abtropfen lassen. Noch warm mit Puderzucker oder Zimtzucker bestäuben. Schmackofatz!

Apple Crumble
Englisch für Einsteiger

FÜR 8 CRUMBLESTÜCKE: 150 g Butter frisch aus dem Kühlschrank + ein bisschen mehr • 500 g Äpfel (Boskop wären ausgezeichnet, andere säuerliche Äpfel gehen aber auch) • 1/8 l trockener Weißwein • 1 Päckchen Vanillezucker • 100 g Mehl • 100 g gemahlene Mandeln • 100 g Zucker

Zeit: 20 Minuten + 20 Minuten Backen • **Kalorien pro Crumblestück:** 310

1 Den Backofen auf 175 °C vorheizen. Eine runde Auflaufform (30 cm Ø) mit ein bisschen Butter einfetten. Die Äpfel schälen, vierteln, entkernen und in dünne Scheiben schneiden. Apfelscheiben mit Weißwein und Vanillezucker vermischen, in die Form geben und 10 Minuten im Ofen (Mitte!) dünsten.

2 Inzwischen das Mehl, die Mandeln und den Zucker in eine Schüssel geben. Die Butter mit einem Messer in kleine Flöckchen schneiden und untermengen. Die Mischung mit den Händen zu Bröseln verarbeiten.

3 Die Form raus aus dem Ofen, die Brösel drüber über die Äpfel und die Form nochmal rein in den (wieder Mitte!). Den Crumble in etwa 20 Minuten goldbraun backen. Den Apple Crumble lauwarm essen – mit leicht cremig geschlagenem Vanilleeis, Schlagsahne oder der schnellen Vanillecreme von Seite 72.

ruck, zuck

gebacken

Käsekuchen „quick-and-easy"
Macht Anfänger glücklich und alle anderen auch

FÜR 8 KUCHENSTÜCKE:
1 unbehandelte Zitrone
150 g zimmerwarme Butter
250 g Zucker
4 Eier
1 Päckchen Puddingpulver zum Kochen (Vanillegeschmack)
1 kg Magerquark

Zeit: 20 Minuten + 40 Minuten Backen
Kalorien pro Kuchenstück: 420

1 Den Backofen auf 200 °C vorheizen. Eine Springform (24 cm Ø) mit Backpapier auslegen. Die Zitrone heiß waschen und die Schale abreiben, den Saft auspressen.

2 Die Butter mit dem Zucker schaumig schlagen, dabei nach und nach die Eier dazugeben. Zitronensaft und -schale, Puddingpulver und Quark untermischen, alles glatt und cremig rühren. Die Quarkmasse in die Form füllen und glatt streichen. Die Form in den Ofen (Mitte!) schieben und den Kuchen 40 Minuten backen.

3 Kuchen aus dem Ofen nehmen und in der Form etwas abkühlen lassen. Sobald man die Form gut mit den Händen anlangen kann, nix wie loslegen: Kuchen aus der Form lösen, in Stücke schneiden und sofort aufessen. Da gibt es nun zwei Möglichkeiten. Entweder die Stücke in die Hand nehmen und direkt in den Mund schieben (das geht am schnellsten) oder auf kleine Teller legen, vielleicht noch mit Puderzucker überstäuben und ganz brav mit der Kuchengabel essen. Entscheiden Sie sich jetzt!

AUCH NICHT SCHLECHT: Den Käsekuchen zur Abwechslung mal mit 500 g Sahnequark und 400 g Doppelrahm Frischkäse zubereiten. Oder den Quark komplett durch Schichtkäse ersetzen. Oder statt Zitronensaft und -schale unter die Käsekuchenmasse Orangensaft und -schale mischen. Ebenfalls möglich: Puddingpulver mit 100 g Weichweizengrieß tauschen.

Aprikosenmarmelade
Ganz simpel, aber unvergleichlich gut

FÜR 4 GLÄSER (jedes 1/2 l Inhalt): 1 kg vollreife, aromatische Aprikosen (dran riechen, sie sollen intensiv duften) • 100 ml Aprikosensaft • 1 kg Gelierzucker (1 plus 1)

Zeit: 25 Minuten + Ziehen lassen über Nacht • **Kalorien pro Glas:** 1120

1 Aprikosen waschen, halbieren und entsteinen. Die Aprikosenhälften in kleine Stücke schneiden, mit Saft und Gelierzucker in einen Topf schütten, vermischen. Zugedeckt über Nacht kühl stellen.

2 Am nächsten Tag die Gläser mit kochend heißem Wasser ausspülen und kopfüber auf ein supersauberes Geschirrtuch stellen. Den Topf auf die Herdplatte setzen und die Fruchtmasse zum Kochen bringen. Dann die Marmelade 4 Minuten sprudelnd kochen lassen, dabei immer wieder rühren. Gelierprobe machen: siehe unten.

3 Die vorbereiteten Gläser randvoll mit Marmelade auffüllen. Gläser sofort verschließen und für 5 Minuten auf das diesmal angefeuchtete Tuch stellen – wieder kopfüber. Umdrehen, auskühlen lassen.

AUCH NICHT SCHLECHT: 1 EL Aprikosenlikör unter die heiße Marmelade rühren. Oder 1 frischen Rosmarinzweig mitkochen und vor dem Einfüllen wieder entfernen.

Erdbeermarmelade
Echt basic

FÜR 4 GLÄSER (jedes 1/2 l Inhalt): 1 kg schöne reife Erdbeeren • 1 kg Gelierzucker (1 plus 1)

Zeit: 25 Minuten + Ziehenlassen über Nacht • **Kalorien pro Glas:** 1080

1 Erdbeeren verlesen, waschen und putzen. Kleine Beeren ganz lassen, große vierteln. Die Erdbeeren mit dem Gelierzucker in einen großen Topf geben, vermischen. Zugedeckt über Nacht an einem kühlen Ort stehen lassen.

2 Am nächsten Tag den Topf auf den Herd stellen. Erdbeeren und Zucker erhitzen und unter Rühren 4 Minuten sprudelnd kochen lassen. Den sich bildenden weißlichen Schaum einfach mit einem Löffel abschöpfen.

3 Nun die Gelierprobe machen: Von der Marmelade 1 EL abnehmen, auf einen kleinen Teller geben und rein in den Kühlschrank. Nach wenigen Sekunden gleich wieder rausholen. Wenn die Marmelade geliert ist, ist sie fertig und kann in die heiß ausgespülten Gläser gefüllt werden. Falls nicht, noch ein wenig weiterkochen lassen und erneut die Probe durchführen. Verschließen, auskühlen lassen (wie's genau geht, steht oben).

AUCH NICHT SCHLECHT: Roh gerührte Erdbeermarmelade. 500 g klein geschnittene Erdbeeren mit 500 g Gelierzucker (1 plus 1) im Mixer fein pürieren, in die Gläser füllen, verschließen. Hält sich 3 Wochen im Kühlschrank.

der Sommer

im Glas

Gratinierte Feigen mit Zabaione
Hat was Göttliches

FÜR ACHT:
8 vollreife, aber nicht zu weiche Feigen
2 EL Cream Sherry
3 EL brauner Zucker
ein bisschen Fett für die Form
2 Eigelbe
1 Ei
2 EL Puderzucker
1/8 l Weißwein

Zeit: 15 Minuten + 15 Minuten Marinieren + 10 Minuten Gratinieren
Kalorien pro Portion: 390

1 Die Feigen vorsichtig waschen, trockentupfen und halbieren. Mit der Schnittfläche nach oben in eine Schale legen. Mit dem Sherry beträufeln, den Zucker darüber streuen. Zugedeckt 15 Minuten marinieren.

2 Den Backofen auf 220 °C vorheizen. Eine runde hitzebeständige Form ein bisschen einfetten. Die marinierten Feigen in die Form legen, die Marinierflüssigkeit beiseite stellen.

3 Für das Wasserbad einen Topf auf die Herdplatte stellen, zur Hälfte Wasser einfüllen und erhitzen. Inzwischen eine Edelstahlschüssel raussuchen (runder Boden wäre optimal), die man so in den Topf hängen kann, dass sie das Wasser nicht berührt. Eigelbe, Ei, Puderzucker und Marinierflüssigkeit in die Schüssel geben und kräftig verschlagen. Wein dazugeben.

4 Jetzt Schüssel in den Topf hängen und alles über dem heißen Wasserbad zu einer dickschaumigen Zabaione aufschlagen. Das dauert etwa 5 Minuten. Anschließend die Zabaione über die Feigen gießen, im Ofen (Mitte!) in etwa 10 Minuten goldbraun gratinieren. Das Feigengratin herausnehmen und sofort verspeisen, denn – warm schmeckt's am besten!

AUCH NICHT SCHLECHT: Es geht auch ohne Sherry – die Feigen non-alkoholic-mäßig in Orangensaft marinieren. Einmal keine Lust auf Gratin? Dann die marinierten Feigen einfach pur mit der Zabaione auf Tellern anrichten.

Grießbrei
Macht Kinder froh und Erwachsene ebenso

FÜR ACHT: 1 l Milch • 1 Prise Salz • 130 g Zucker • 1 unbehandelte Zitrone • 200 g Hartweizengrieß • 2 Eiweiße • 150 g Naturjogurt • 1/4 TL Zimtpulver

Zeit: 20 Minuten • **Kalorien pro Portion:** 245

1 Die Milch mit Salz und 60 g Zucker in einen Topf (Antihaft-Beschichtung wäre nicht schlecht) geben. Zitrone heiß waschen und die Schale abreiben und zur Milch in den Topf geben. Saft auspressen und beiseite stellen.

2 Die Milch zum Kochen bringen. Den Grieß einstreuen, kräftig rühren und bei mittlerer Hitze 1 Minute kochen lassen. Dann den Topf vom Herd ziehen, Deckel drauf und Grießbrei abkühlen lassen.

3 Die Eiweiße steif schlagen, 40 g Zucker einrieseln lassen und weiterschlagen, bis der Eischnee schön glänzt. Jogurt mit dem Zitronensaft verrühren und unter den Grießbrei mischen. Den Eischnee vorsichtig unterziehen. Grießbrei in Schälchen füllen, übrigen Zucker mit Zimt vermischen und darüber streuen.

Grießschnitten
Gutes muss nicht teuer sein

FÜR SECHS: 3/4 l Milch • 1/4 TL Salz • 1 Päckchen Bourbon-Vanillezucker • 2 EL Zucker • 120 g Hartweizengrieß • 2 Eigelbe • 60 g Butter • 2 EL Öl (geschmacklich nicht zu intensiv)

Zeit: 25 Minuten • **Kalorien pro Portion:** 285

1 Die Milch in einen Topf (optimal: Antihaft-Beschichtung, ohne geht es aber auch) schütten. Salz, Vanillezucker und Zucker dazugeben. Die Milch zum Kochen bringen, den Grieß einrühren, kurz aufkochen lassen und von der Kochstelle nehmen. Abkühlen lassen, die Eigelbe unterrühren.

2 Ein flaches Tablett oder ein Holzbrett mit kaltem Wasser abspülen, die Grießmasse 1 cm dick aufstreichen und vollkommen auskühlen lassen.

3 Ausgekühlten Grieß in Rauten schneiden. Wenn man dabei das Messer immer wieder in Wasser taucht, bleibt daran fast nichts vom Grieß hängen. Die Butter mit dem Öl in einer Pfanne schmelzen. Darin die Grießschnitten bei mittlerer Hitze von jeder Seite 2 Minuten goldbraun braten. Pur ein Gedicht. Mit Erdbeermarmelade (ein Blick auf Seite 80 genügt) oder dem Apfel-Birnen-Kompott von Seite 30 dazu, fühlt man sich wie im siebten Himmel.

German

Classics

Bananen-Dattel-Muffins
Amerikanischer Blitzkuchen im Kleinformat

FÜR EIN 12ER-MUFFINBLECH:
200 g weiche Butter + ein bisschen mehr
3 mittelgroße, vollreife Bananen (je süßer, desto besser)
150 g brauner Zucker
3 Eier
100 ml Buttermilch
100 g Datteln (möglichst frische)
300 g Mehl
2 TL Backpulver
2 EL Puderzucker

Zeit: 30 Minuten + 20 Minuten Backen
Kalorien pro Muffin: 320

1 Den Backofen auf 200 °C vorheizen. Das Muffinblech mit ein bisschen Butter einfetten. (Wer kein solches Blech hat, setzt einfach 12 mal 2–3 Papierförmchen für Muffins ineinander und stellt sie auf ein Backblech.)

2 Bananen schälen und mit einer Gabel zerdrücken oder mit dem Pürierstab zerkleinern. Mit übriger Butter und dem Zucker verrühren, Eier und Buttermilch unterschlagen. Die Datteln längs halbieren, entsteinen und klein würfeln und mit Mehl und Backpulver zur Bananen-Buttermilch-Masse geben. Alles zu einem Teig verarbeiten.

3 Den Teig mit einem Löffel in die Blechmulden füllen, aber nur drei Viertel voll machen, damit der Teig gut aufgehen kann. (Oder den Teig in die Papierförmchen füllen.) Die Muffins im Ofen (Mitte!) 20 Minuten backen, bis die Oberfläche leicht gebräunt ist.

4 Muffins aus dem Ofen nehmen, leicht abkühlen lassen und auf ein Kuchengitter stürzen. (Die Muffins in den Papierförmchen gleich auf das Gitter setzen.) Auskühlen lassen. Dick mit Puderzucker bestäuben. Nach Lust und Laune gleich in den Mund schieben oder geduldig noch etwas warten (100 Punkte für den, der's kann).

AUCH NICHT SCHLECHT: Ingwer-Muffins. Statt der Datteln die gleiche Menge kandierten, klein gewürfelten Ingwer unter den Teig mischen. Ist jemand muffinblech- und papierförmchenlos, den Teig auf ein mit Backpapier ausgelegtes Backblech streichen, 15 Minuten backen, herausnehmen und in Schnitten oder Rauten schneiden.

Kirschgrütze
Schmeckt immer wieder gut

FÜR ACHT: 2 Gläser Sauerkirschen (jedes 350 g) • 600 ml roter Beerensaft (z. B. Johannisbeersaft) • 100 g Zucker • 1/2 Vanilleschote • 1/2 Stange Zimt • 2 EL Speisestärke • 450 g gemischte TK-Beeren

Zeit: 20 Minuten + 30 Minuten Kühlen • **Kalorien pro Portion:** 125

1 Die Kirschen in einem Sieb abtropfen lassen, dabei den Saft auffangen. 400 ml Kirschsaft abmessen und mit dem Beerensaft und dem Zucker in einen großen Kochtopf schütten. Vanilleschote längs aufschlitzen, mit der Zimtstange in den Topf geben und alles zum Kochen bringen.

2 Die Stärke mit dem restlichen Kirschsaft vermischen und in die kochende Flüssigkeit einrühren. So lange weiterrühren, bis die Flüssigkeit leicht dicklich ist.

3 Jetzt geht's ans Eingemachte. Kirschen in den Topf geben und 3 Minuten bei schwacher Hitze köcheln lassen. Beeren aus der Packung nehmen und untermischen. Topf runter vom Herd, Grütze abkühlen lassen. Dann Zimtstange und Vanilleschote entfernen, Grütze in eine Schüssel füllen, in etwa 30 Minuten im Kühlschrank kalt werden lassen. Oberlecker dazu: die Vanillecreme von Seite 72 oder Gelato di crèma, auf Seite 62 zu finden.

AUCH NICHT SCHLECHT: 2 EL Johannisbeerlikör unter die fertige Grütze rühren.

Kirsch-Clafoutis
Süßes aus Frankreich

FÜR SECHS: 1 1/2 kg Kirschen • ein bisschen Fett für die Form • 1 Päckchen Vanillezucker • 150 g Zucker • 4 Eier • 200 ml kalte Milch • 200 g Crème fraîche • 100 g gemahlene Mandeln • 75 g Mehl • 2 EL Puderzucker

Zeit: 20 Minuten + 30 Minuten Backen • **Kalorien pro Portion:** 620

1 Die Kirschen waschen, entstielen und entsteinen. Eine große Auflaufform mit ein bisschen Fett einpinseln. Die Kirschen hineingeben und mit dem Vanillezucker bestreuen. Den Backofen auf 200 °C vorheizen.

2 Den Zucker mit den Eiern schaumig schlagen. Milch und Crème fraîche unterrühren. Mandeln und Mehl auch, alles glatt rühren. Den Teig über die Kirschen gießen. Die Form in den Ofen (Mitte!) schieben und das Clafoutis etwa 30 Minuten backen, bis die Oberfläche goldbraun ist.

3 Die Form aus dem Ofen nehmen und das Clafoutis dick mit Puderzucker bestäuben. Nach Belieben zusätzlich mit einer Schlagsahnehaube krönen.

AUCH NICHT SCHLECHT: Die schnelle Variante mit Sauerkirschen aus dem Glas. 2 Gläser (jedes 350 g) dürften reichen. Oder statt der Kirschen klein geschnittene Aprikosen nehmen (frisch oder aus der Dose).

mal heiß, mal kalt

Kirschen

Nicht ganz so süß

Früchte einmal pikant kombiniert. Erfrischend und lecker für sommerliche Temperaturen. Einfach für den kleinen Hunger zwischendurch.

Mango mit Chili

FÜR VIER: 1 vollreife Mango schälen. Das Fruchtfleisch vom Kern schneiden und in etwa 2 cm große Würfel schneiden.

Saft von 1 Limette auspressen und mit den Mangowürfeln vermischen. 1 getrocknete Chili zwischen den Fingern zerreiben und über die Mangowürfel streuen.

AUCH NICHT SCHLECHT: Das Mangofleisch in etwa 1 cm dicke Streifen schneiden und mit hauchdünn geschnittenem Parmaschinken umwickeln. Geht ganz fix und ist superlecker.

Erdbeeren mit grünem Pfeffer

FÜR VIER: 500 g nicht zu kleine Erdbeeren verlesen, putzen, kurz waschen und gut abtropfen lassen. Die Beeren längs in Scheiben schneiden.

Die Scheiben fächerartig auf einen Teller legen. 1 TL hellen Balsamicoessig und 1 TL Puderzucker verrühren. Die Erdbeeren damit beträufeln. 1 TL grüne, eingelegte Pfefferkörner darüber streuen.

AUCH NICHT SCHLECHT: Die Beeren (dürfen auch ganz bleiben, müssen dann aber klein sein) mit Marinade, Pfefferkörnern und zusätzlich 2 EL Olivenöl vorsichtig mischen. Auf Tellern anrichten, die jeweils mit 1 Hand voll Rucola ausgelegt sind. Etwas Parmesan vom Stück frisch darüber hobeln.

Birnen mit Roquefortcreme

FÜR VIER: 4 Birnen (Williams Christ) waschen, gut trocknen und in Viertel schneiden. Das Kerngehäuse entfernen. 1 Zitrone auspressen und den Saft über die Birnen gießen, damit sie sich nicht verfärben.

100 g Roquefort mit 100 g Crème fraîche kräftig verrühren. Birnenviertel auf Teller legen. Den Zitronensaft unter die Käsecreme rühren und diese auf den Birnen verteilen.

AUCH NICHT SCHLECHT: Die Birnen auf ein paar frische grüne Salatblätter setzen und noch einige gehackte Walnusshälften darüber streuen.

Apfel-Möhren-Salat mit Rosinen

FÜR VIER: 2 grüne, ungespritzte Äpfel waschen, gut trocknen, vierteln und entkernen. 4 Möhren schälen. Beides auf der Küchenreibe fein reiben und miteinander vermischen.

1 Zitrone auspressen und den Saft über den Apfel-Möhren-Salat gießen. 2 EL Rosinen waschen und mit 2 EL Schmand unter den Salat mischen. Mit Salz und Zucker abschmecken.

AUCH NICHT SCHLECHT: 2 EL Sonnenblumenkerne in einer Pfanne ohne Fettzugabe leicht anrösten und über den fertigen Salat streuen.

Avocadocreme mit Orangen

FÜR VIER: 2 vollreife Avocados halbieren und den Kern herauslösen. Die Hälften schälen, grob würfeln und mit einer Gabel zerdrücken. 1 EL Weißweinessig unterrühren, mit Salz und Pfeffer würzen.

2 Orangen schälen, dabei die weiße Haut auch entfernen. Die Orangen in Scheiben schneiden und mit 1 TL Puderzucker bestreuen. Die Avocadocreme auf den Orangenscheiben verteilen.

AUCH NICHT SCHLECHT: 40 g Frühstücksspeck (Bacon) in kleine Würfel schneiden und ohne weitere Fettzugabe in der Pfanne knusprig braten. Die Speckwürfel mit der Avocadocreme vermischen.

Register von a–z

a
Ahornsirup
  Ahornsirup 8
  Apfel-Birnen-Kompott in Ahornsirup 30
Alufolie 10
Amaretti-Schoko-Kugeln 46
Ananas
  Ananas 6, 11
  Ananas-Kokosmilch-Kompott 22
Äpfel
  Apfel 6
  Apfel-Birnen-Kompott in Ahornsirup 30
  Apfel-Möhren-Salat mit Rosinen 91
  Apfelmus in Pink 30
  Apple Crumble 76
Apfeldicksaft
  Apfeldicksaft 8
  Kefir-Beeren-Süppchen 24
  Apfel-Möhren-Salat mit Rosinen 91
  Apfelmus in Pink 30
  Apple Crumble 76
Aprikosenmarmelade 80
Aprikosenpüree mit Jogurtcreme 22
Avocados
  Avocado 6
  Avocadocreme 14
  Avocadocreme mit Orangen 91

b
Backpapier 10
Bananen-Dattel-Muffins 86
Beeren
  Beerenobst 6
  Kefir-Beeren-Süppchen 24
  Kirschgrütze 88
  Schmandcreme mit Beeren 18
Birnen
  Apfel-Birnen-Kompott in Ahornsirup 30
  Birne 6
  Birnen mit Roquefortcreme 91
Birnendicksaft 8
Brauner Zucker 8
Bunter Obstsalat 20
Buttermilch: Bananen-Dattel-Muffins 86

c/d
Chili: Mango mit Chili 90
Clafoutis: Kirsch-Clafoutis 88
Cookies: Schokoladen-Cookies 44
Crème caramel 58
Crème fraîche
  Birnen mit Roquefortcreme 91
  Crème fraîche 9
  Kirsch-Clafoutis 88
Creme stürzen 11
Cremes 11
Crunchy-Nuts: Schoko-Crunchy-Nuts 38
Datteln: Bananen-Dattel-Muffins 86
Dickmilch: Zitronencreme 14
Doughnuts 76
Dunkle Schokoladensauce 34

e
Eier
  Crème caramel 58
  Eier 8, 11
  Gebrannte Schokoladencreme 50
  Gelato di crèma 62
  Käsekuchen „quick-and-easy" 78
  Kirsch-Clafoutis 88
  Reis mit Karamellnüssen 68
  Schokoladenmousse 42
  Tee-Flan 60
Eis
  Erdbeer-Softeis 62
  Gelato di crèma 62
  Krokant-Eis-Torte 64
Eiweiße 11
Erdbeeren
  Erdbeeren mit grünem Pfeffer 90
  Erdbeermarmelade 80
  Erdbeer-Ricotta-Creme 26
  Erdbeer-Softeis 62
Espressomousse 42
Exotischer Obstsalat 20

f
Feigen
  Feigen 7
  Gratinierte Feigen mit Zabaione 82
Frischkäse: Kiwicreme 16
Früchte
  Powerbällchen 38
  Schneckennudeln im Miniformat 74

g
Gebrannte Schokoladencreme 50
Gelatine
  Gelatine 11
  Kokoscreme mit Limettensauce 66
  Milchkaffeecreme 56
  Orangen-Maracuja-Creme 66
  Panna cotta 58
  Reis mit Karamellnüssen 68
  Schmandcreme mit Beeren 18
  Weiße Kaffeemousse 40
Gelato di crèma 62

Götterspeise: Himbeer-Wackel-Pudding 28
Gratinierte Feigen mit Zabaione 82
Grießbrei 84
Grießschnitten 84
Grütze
    Kirschgrütze 88
    Melonengrütze 26

Handrührgerät 10
Helle Schokoladensauce 34
Himbeersauce 54
Himbeer-Wackel-Pudding 28
Honig 8
Honig-Nuss-Creme 72
Jogurt 9

Kaffee
    Milchkaffeecreme 56
    Weiße Kaffeemousse 40
Kandierte Früchte
    Powerbällchen 38
    Schneckennudeln im Miniformat 74
Kapstachelbeere 7
Karambole 7
Karamellsauce 34
Karibiktrüffel 48
Käse: Birnen mit Roquefortcreme 91
Käsekuchen „quick-and-easy" 78
Kefir-Beeren-Süppchen 24
Kirschen
    Kirsch-Clafoutis 88
    Kirschgrütze 88
    Litschi & Kirsche 14
Kiwi 7, 11
Kiwicreme 16
Klarsichtfolie 10

Kokos
    Ananas-Kokosmilch-Kompott 22
    Kokoscreme mit Limettensauce 66
    Kokosmilch 9
    Karibiktrüffel 48
    Schoko-Kokos-Schnitten 36
Kompott: Ananas-Kokosmilch-Kompott 22
Krokant-Eis-Torte 64
Küchenreibe 10
Küchensieb 10
Kuvertüre 9

Limette 7
Litschi & Kirsche 14
Löffel 10
Mandeln: Schoko-Crunchy-Nuts 38
Mango
    Mango 7
    Mango mit Chili 90
    Mangocreme 16
Maracuja: Orangen-Maracuja-Creme 66
Marmelade
    Aprikosenmarmelade 80
    Erdbeermarmelade 80
Marzipan
    Powerbällchen 38
    Schneckennudeln im Miniformat 74
Mascarpone
    Mangocreme 16
    Mascarpone 9
Mehl 8
Melonen 7
Melonengrütze 26
Messbecher 10
Milchkaffeecreme 56
Möhren: Apfel-Möhren-Salat mit Rosinen 91

Mousse
    Espressomousse 42
    Schokoladenmousse 42
    Weiße Kaffeemousse 40
Muffins: Bananen-Dattel-Muffins 86

Naturjogurt
    Aprikosenpüree mit Jogurtcreme 22
    Grießbrei 84
    Kiwicreme 16
Nüsse
    Apple Crumble 76
    Honig-Nuss-Creme 72
    Kirsch-Clafoutis 88
    Reis mit Karamellnüssen 68
    Schoko-Nuss-Küsschen 46

Obst
    Bunter Obstsalat 20
    Exotischer Obstsalat 20
    Obst 6
Orangen-Maracuja-Creme 66
Orangensahne 72
Panna cotta 58
Papaya 7, 11
Papayasauce 54
Pfeffer: Erdbeeren mit grünem Pfeffer 90
Pfirsichsauce 54
Physalis 7
Pinsel 10
Powerbällchen 38
Pudding stürzen 11
Puderzucker 8

Quark
    Quark 9
    Käsekuchen „quick-and-easy" 78
    Mangocreme 16
    Reis mit Karamellnüssen 68

Ricotta
  Erdbeer-Ricotta-Creme 26
  Ricotta 9
  Rosinen: Apfel-Möhren-Salat mit Rosinen 91

Sahne
  Amaretti-Schoko-Kugeln 46
  Dunkle Schokoladensauce 34
  Erdbeer-Ricotta-Creme 26
  Erdbeer-Softeis 62
  Espressomousse 42
  Gebrannte Schokoladen-creme 50
  Gelato di crèma 62
  Helle Schokoladensauce 34
  Himbeer-Wackel-Pudding 28
  Karamellsauce 34
  Karibiktrüffel 48
  Kiwicreme 16
  Kokoscreme mit Limetten-sauce 66
  Mangocreme 16
  Milchkaffeecreme 56
  Orangen-Maracuja-Creme 66
  Orangensahne 72
  Panna cotta 58
  Reis mit Karamellnüssen 68
  Sahne 9
  Schmandcreme mit Beeren 18
  Schnelle Vanillecreme 72
  Schoko-Kokos-Schnitten 36
  Tee-Flan 60
  Weiße Kaffeemousse 40
  Zitronencreme 14
Salat: Apfel-Möhren-Salat mit Rosinen 91
Sauerrahm 9
Schmand
  Apfel-Möhren-Salat mit Rosinen 91
  Schmand 9

Schmandcreme mit Beeren 18
Schneckennudeln im Mini-format 74
Schnelle Vanillecreme 72
Schokolade
  Amaretti-Schoko-Kugeln 46
  Dunkle Schokoladensauce 34
  Erdbeer-Ricotta-Creme 26
  Espressomousse 42
  Gebrannte Schokoladen-creme 50
  Helle Schokoladensauce 34
  Karibiktrüffel 48
  Schoko-Crunchy-Nuts 38
  Schoko-Kokos-Schnitten 36
  Schokolade 9
  Schokolade schmelzen 11
  Schokoladen-Cookies 44
  Schokoladenmousse 42
  Schoko-Nuss-Küsschen 46
  Weiße Kaffeemousse 40
  Weiße Schoko-Zitronen-Trüffel 48
Speisestärke 8
Sternfrucht 7

Tee-Flan 60
Teigroller 10
Teigschaber 10
Trüffel
  Karibiktrüffel 48
  Weiße Schoko-Zitronen-Trüffel 48

Vanille: Schnelle Vanille-creme 72
Vanilleschoten 9
Vollkornmehl 8
Waage 10
Walnüsse: Schokoladen-Cookies 44
Weiße Kaffeemousse 40

Weiße Schoko-Zitronen-Trüffel 48
Weißer Zucker 8
Zabaione: Gratinierte Feigen mit Zabaione 82
Zitrone
  Weiße Schoko-Zitronen-Trüffel 48
  Zitrone 7
  Zitronencreme 14
Zitruspresse 10
Zucker 8

Die Basic family wächst...

ISBN 3-7742-2005-0

ISBN 3-7742-1642-8

ISBN 3-7742-1142-6

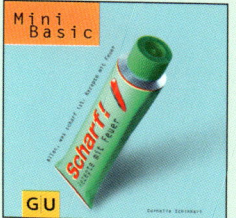
ISBN 3-7742-2202-9

ISBN 3-7742-2198-7

ISBN 3-7742-2200-2

Impressum

Die Autorin: Christa Schmedes (Christa.Schmedes@gmx.de). GU-Kochbuchautorin und Meisterin der süßen Küchenkünste, ist fest im Basic-Team verankert – nicht nur als Ideenlieferantin, sondern auch als „Engel" beim Fotoshooting. Bei allen Mini Basics hat sie zusätzlich auch das Kochen im Fotostudio und das Foodstyling übernommen.

Der Fotograf: Alexander Walter. Dass seine Lieblingsthemen People, Reportagen und Stillife sind, hat er schon in der großen Basic-Cooking-Reihe mehrfach bewiesen – hier entpuppt er sich außerdem noch als unerschrockener und kreativer Foodkünstler. Sein Motto: Offen für alles!

Die Gestalter: Sybille Engels und **Thomas Jankovic.** Ebenfalls alte Bekannte! Die beiden waren auch schon verantwortlich für das unverwechselbare Outfit der großen Basic-Cooking-Reihe. Bei den Minis haben sie noch mehr Gas gegeben – in Richtung frisch & frech.

Die Models: Markus Röleke, Janna Sälzer, Gabie Schnitzlein (...siehe Basic cooking!)

Bildnachweis

Alexander Walter: Food-, People- und Produktfotos
StockFood/Viennaslide/Klaus Arras: Titeleinklinker und Rückseite (Erdbeere)
StockFood/Maximilian Stock: S. 8/9 (Ei)
StockFood/Molly Hunter: S. 11 (offenes Ei)

Konzept & Redaktion:
Sabine Sälzer
Lektorat, Satz und DTP:
Christina Kempe
Korrekturlesen: Mischa Gallé
Gestaltung und Layout:
Sybille Engels und Thomas Jankovic
Fotos: Alexander Walter
Requisite, Styling, Food:
Christa Schmedes, Sigrid Burghard, Sabine Sälzer
Assistenz Foodstyling: Katja Metzger
Herstellung: Renate Hutt
Repro: W&Co. Media Services, München
Printed in Italy

©2000 Gräfe und Unzer Verlag GmbH, München. Alle Rechte vorbehalten. Nachdruck, auch auszugsweise, sowie Verbreitung durch Film, Funk, Fernsehen und Internet, durch fotomechanische Wiedergabe, Tonträger und Datenverarbeitungssysteme jeglicher Art nur mit schriftlicher Genehmigung des Verlages.

ISBN: 3-7742-2200-2

Auflage	4.	3.	2.	1.
	2003	2002	2001	2000

Das Original mit Garantie

Unsere Garantie:
Sollte ein GU-Ratgeber einmal einen Fehler enthalten, schicken Sie uns das Buch mit einem kleinen Hinweis und der Quittung innerhalb von sechs Monaten nach dem Kauf zurück. Wir tauschen Ihnen den GU-Ratgeber gegen einen anderen zum gleichen oder ähnlichen Thema um.

Ihr Gräfe und Unzer Verlag
Redaktion Kochen
Postfach 86 03 25
81630 München
Fax: 089 / 4 19 81 – 113
e-mail:
leserservice@graefe-und-unzer.de